4年生の漢字 画数さくいん

数字はページを表します。

©くもん出版

画数の数え方

漢字の画数は、ひと筆で書く部分を一画として数えます。

れい

「司」は**5画**です。

③ 3年生で習った漢字

3年生の漢字を部首別に分けています。
部首の読み方は、主なものを取り上げています。

©くもん出版

イ（にんべん）係・仕・使・住・他・代・倍
ヘ（ひとやね・ひとがしら）全
口（くち・くちへん）員・君・問・和・向・号・商・品・味・命・
土（つち・つちへん）坂
女（おんな・おんなへん）委・始
巾（はば・はばへん）帳
彳（ぎょうにんべん）待・役
阝（こざとへん）院・階・陽
扌（てへん）指・持・拾・打・投
方（ほう・ほうへん）族・旅
日（ひ・ひへん）暗・暑・昭・昔
歹（がつへん・かばねへん）死
月（つき・つきへん）期・服
木（き・きへん）横・橋・業・根・植・柱・板・様
氵（さんずい）泳・温・漢・決・湖・港・消・深・注・湯・波・油・洋・流
水（みず）氷
牛（うしへん）物
王（たま・おうへん）球
矢（や・やへん）短
石（いし・いしへん）研
示（しめす）祭
ネ（しめすへん）神・福・礼
禾（のぎへん・のぎ）秒
糸（いと・いとへん）級・終・緑・練
言（いう・ごんべん）詩・談・調

足（あし・あしへん）路
車（くるま・くるまへん）軽・転
酉（とり・さけのとり）酒・配
金（かね・かねへん）銀・鉄
食（しょく・しょくへん）飲・館
馬（うま・うまへん）駅
リ（りっとう）列
力（ちから）助・勝・動・勉
ヒ（ひ）化
又（また）取・受・反
寸（すん）対
阝（おおざと）都・部
攵（ぼくにょう）整・放
欠（あくび）次
宀（うかんむり）安・寒・客・宮・実・守・宿・定
冖（わかんむり）写
艹（くさかんむり）荷・苦・薬・葉・落
耂（おいかんむり・おいがしら）者
竹（たけかんむり）第・笛・等・箱・筆
穴（あなかんむり・あな）究・空
癶（はつがしら）登・発
心（こころ）悪・意・感・急・想・息・悲
尸（しかばね・かばねだれ）屋・局
广（まだれ）庫・庭・度
疒（やまいだれ）病

辶（しんにゅう・しんにょう）運・進・送・速・追・返・遊
走（はしる・そうにょう）起
門（もんがまえ）開
弋（しきがまえ）式
匚（かくしがまえ）医・区
一（いち）世・丁・両・主
ノ（の）乗
亅（はねぼう）事・予
八（はち）具
ム（む）去
大（だい）央
山（やま）岸・島
川（かわ）州
干（かん・いちじゅう）幸・平
戸（と）所
日（ひらび）曲
火（ひ）炭
田（た）界・申・畑・由
皮（けがわ）皮
皿（さら）皿
目（め）県・真・相
立（たつへん）章・童
羊（ひつじ）着・美・羊
羽（はね）習
月（にくづき）育・有
血（ち）血
衣（ころも）表
豆（まめ）豆
貝（かい）負
身（み）身
辰（しんのたつ）農
里（さと）重
隹（ふるとり）集
面（めん）面
頁（おおがい）題
歯（は）歯
鼻（はな）鼻

1 司・各・周・共・折

★は、読み書きをまちがえやすい漢字です。

数字は、書きじゅん。
「↓(矢じるし)」は、えん筆を進める向き。

1

① ゆびでなぞりましょう。

司（はねる）

② 「司」を書きましょう。

5画　口

読み方：シ　—

意味：・とりしきる　・つかさどる

③ □に「司」を書きましょう。

□《し》会《かい》。図書館の□《し》書《しょ》。

2

① ゆびでなぞりましょう。

各

② 「各」を書きましょう。

6画　口

読み方：カク　（おのおの）

意味：・それぞれ

③ □に「各」を書きましょう。

□《かく》地《ち》。□《かく》自《じ》。

3

① ゆびでなぞりましょう。

周（はねる）

② 「周」を書きましょう。

8画　口

読み方：シュウ　まわり

意味：・まわる　・まわり

③ □に「周」を書きましょう。

□《しゅう》辺《へん》。池の□《まわ》り。

4

① ゆびでなぞりましょう。

共（とめる）

② 「共」を書きましょう。

6画　八

読み方：キョウ　とも

意味：・いっしょに

③ □に「共」を書きましょう。

□《きょう》通《つう》。★□《とも》に行く。

5

① ゆびでなぞりましょう。

折（はねる）

② 「折」を書きましょう。

7画　扌

読み方：セツ　おる　おり　おれる

意味：・おる　・きき会、そのとき

③ □に「折」を書きましょう。

左《さ》□《せつ》する車。

えだを□《お》る。★□《おり》をみて話す。

（1～5は全部書いて28点）

月　日

はじめ　時　分
終わり　時　分
かかった時間　分

名前

とく点　点

©くもん出版

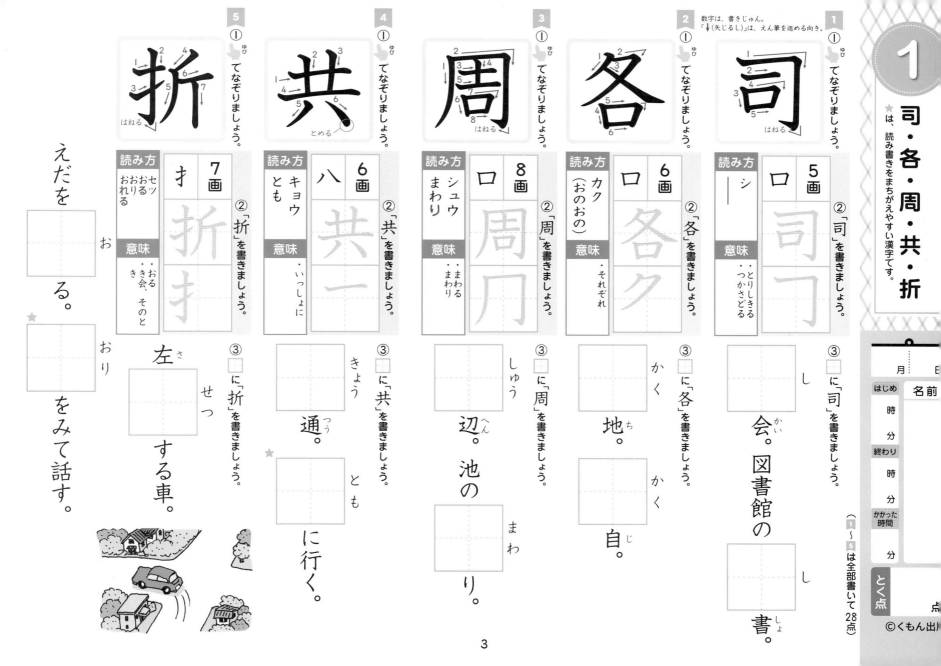

6 ──の漢字の読みがなを書きましょう。（一つ4点）

① 木のえだを折る。

② 共通の友達《ともだち》。

③ ★行動を共にする。

④ 池の周りを歩く。

⑤ 駅の周辺《へん》の地図。

⑥ 世界各地。

⑦ 司会を決める。

⑧ ★折をみて話す。

⑨ 車が左折する。

7 □に漢字を、（　）に送りがなを書きましょう。（一つ4点）

① 日本□《かく》地《ち》の天気。

② □《し》会《かい》をする。

③ 交差点《こうさてん》を左《さ》□《せつ》する。

④ □《きょう》通《つう》する点が多い。

⑤ 学校の□（り）《まわり》。

⑥ 公園の□《しゅう》辺《へん》。

⑦ 紙を二つに□《お》る。

⑧ ★□《とも》に行動する。

⑨ ★□《おり》をみて話す。

©くもん出版

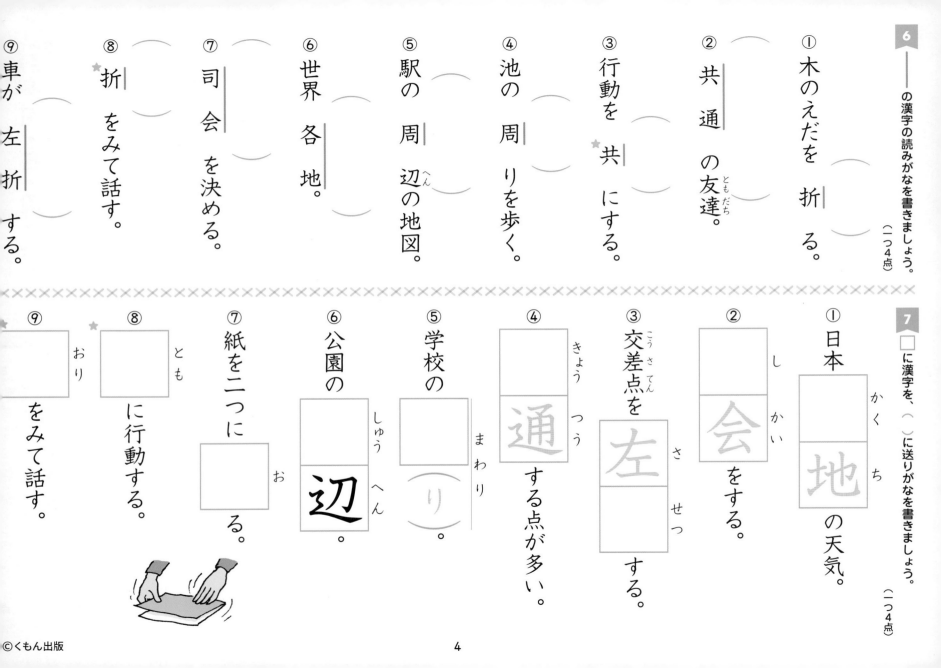

2 札・好・固・芸・英

月　日　名前

はじめ　時　分
終わり　時　分
かかった時間　分
とく点　点

（1～5は全部書いて28点）

1

① ゆびでなぞりましょう。

札（はねる）

② 「札」を書きましょう。

木　5画

読み方：サツ　ふだ

意味：
・文字を書くふだ
・紙のお金
・お守り

③ □に「札」を書きましょう。

千円《せんえん》□《さつ》。

名《な》□《ふだ》。

2

① ゆびでなぞりましょう。

好（はねる）

② 「好」を書きましょう。

女　6画

読み方：コウ　このむ　すく

意味：
・すきである
・よい

③ □に「好」を書きましょう。

□《こう》物《ぶつ》のケーキ。

読書を□《この》む。

□《す》きな本を読む。

3

① ゆびでなぞりましょう。

固

② 「固」を書きましょう。

口　8画

読み方：コ　かためる　かたまる　かたい

意味：
・しっかりしている
・かためる

③ □に「固」を書きましょう。

□《こ》定《てい》。

雪を□《かた》める。

4

① ゆびでなぞりましょう。

芸（長く）

② 「芸」を書きましょう。

艹　7画

読み方：ゲイ

意味：
・練習して身につけたわざ
・草木を植える

③ □に「芸」を書きましょう。

学《がく》□《げい》会《かい》。

園《えん》□《げい》。

5

① ゆびでなぞりましょう。

英

② 「英」を書きましょう。

艹　8画

読み方：エイ

意味：
・すぐれていること
・イギリスのこと

③ □に「英」を書きましょう。

□《えい》語《ご》。

□《えい》ゆう。

©くもん出版

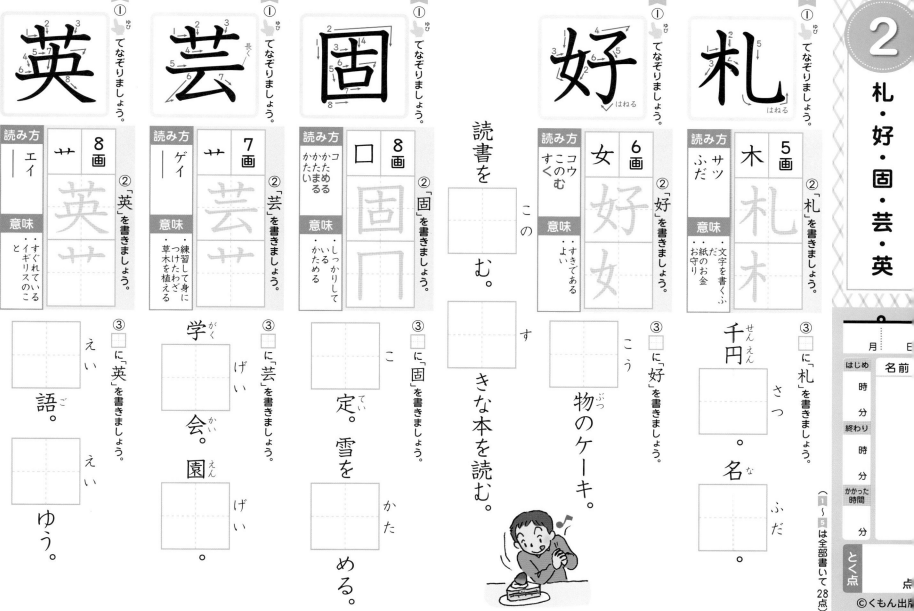

6

——の漢字の読みがなを書きましょう。（一つ4点）

① 学芸会（　　）でおどる。

② 好物（　　）のケーキ。

③ 好（　　）きな絵。

④ 名札（　　）をつける。

⑤ 千円《せんえん》札（　　）を出す。

⑥ えだを固定（　　）する。

⑦ 土を固（　　）める。

⑧ 英語（　　）を話す。

⑨ 読書を好（　　）む。

7

□に漢字を、（　）に送りがなを書きましょう。（一つ4点）

① 考えを□（める）《かためる》。

② 店員の名《な》□《ふだ》を見る。

③ 運動を□（む）《このむ》。

④ ねじで□《こ》定《てい》する。

⑤ 楽しい学《がく》□《げい》会《かい》。

⑥ □《えい》語《ご》の歌を歌う。

⑦ □《す》きなテレビ番組。

⑧ 一万円《いちまんえん》□《さつ》。

⑨ □《こう》物《ぶつ》の料理《りょうり》。

©くもん出版

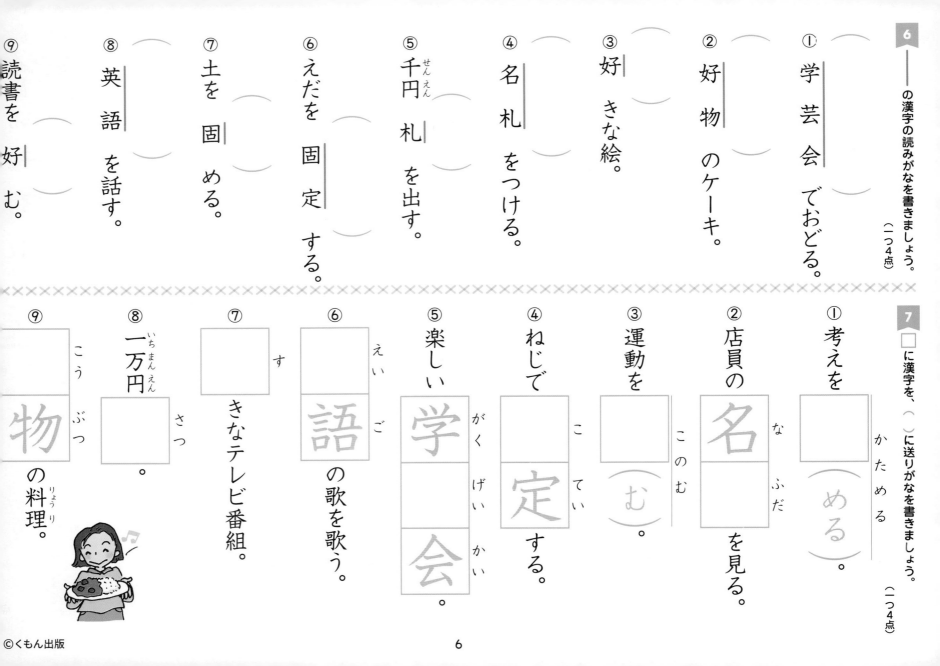

3

完・成・功・改・良・仲

★は、読み書きをまちがえやすい漢字です。

月　日

名前

はじめ　時　分

終わり　時　分

かかった時間　分

とく点　点

©くもん出版

（1～6は全部書いて20点）

1

① ゆびでなぞりましょう。

完（はねる）

② 「完」を書きましょう。

宀	7画

読み方：カン　―

意味：・終わる　・そろっている

③ □に「完」を書きましょう。

□《かん》成《せい》。

□《かん》全《ぜん》。

2

① ゆびでなぞりましょう。

成（はねる）

② 「成」を書きましょう。

戈	6画

読み方：セイ（ジョウ）　なる　なす

意味：・できあがる　・できている

③ □に「成」を書きましょう。

□《せい》長《ちょう》。

★□《な》り立《た》ち。

3

① ゆびでなぞりましょう。

功（はねる）

② 「功」を書きましょう。

力	5画

読み方：コウ（ク）　―

意味：・てがら　・なしとげた仕事

③ □に「功」を書きましょう。

成《せい》□《こう》。

□《こう》労《ろう》者《しゃ》。

（あることにつくして、てがらをたてた人）

4

① ゆびでなぞりましょう。

改

② 「改」を書きましょう。

攵	7画

読み方：カイ　あらためる　あらたまる

意味：・古いものを新しくする　・調べる

③ □に「改」を書きましょう。

□《かい》良《りょう》。

行いを□《あらた》める。

5

① ゆびでなぞりましょう。

良

② 「良」を書きましょう。

艮	7画

読み方：リョウ　よい

意味：・すぐれている

③ □に「良」を書きましょう。

□《りょう》心《しん》。

仲《なか》□《よ》し。

6

① ゆびでなぞりましょう。

仲

② 「仲」を書きましょう。

イ	6画

読み方：（チュウ）　なか

意味：・人と人との間がら

③ □に「仲」を書きましょう。

□《なか》直《なお》り。

□《なか》間《ま》。

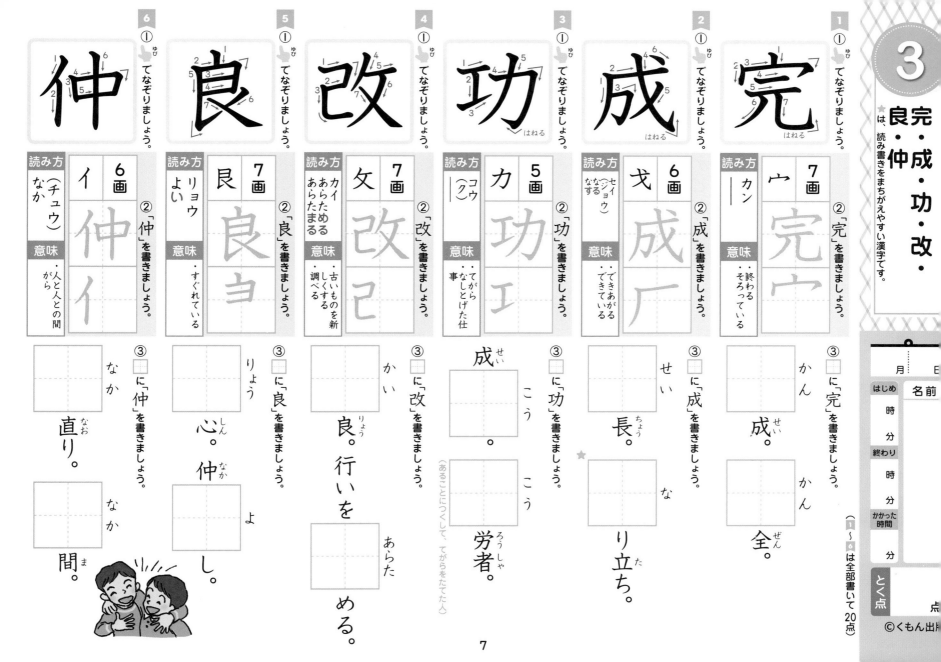

7 ―の漢字の読みがなを書きましょう。（一つ5点）

① ビルが完成（　　）する。

★② 文の成（　　）り立《た》ち。

③ 行いを改（　　）める。

④ 品種《ひんしゅ》を改良（　　）する。

⑤ 親しい仲間（　　）。

⑥ 良心（　　）がとがめる。

⑦ 実験《じっけん》に成功（　　）する。

⑧ 大の仲良（　　）し。

8 □に漢字を、（　）に送りがなを書きましょう。（一つ5点）

① 事業に□□《せいこう》した人。

② たい度を□（める）《あらためる》。

③ □心《りょうしん》的《てき》な店。

④ 作品が□□《かんせい》する。

⑤ □□《かいりょう》された機械《きかい》。

⑥ □間《なかま》が集まる。

⑦ □□《なかよ》くする。

★⑧ 漢字の□《な》り立《た》ち。

©くもん出版

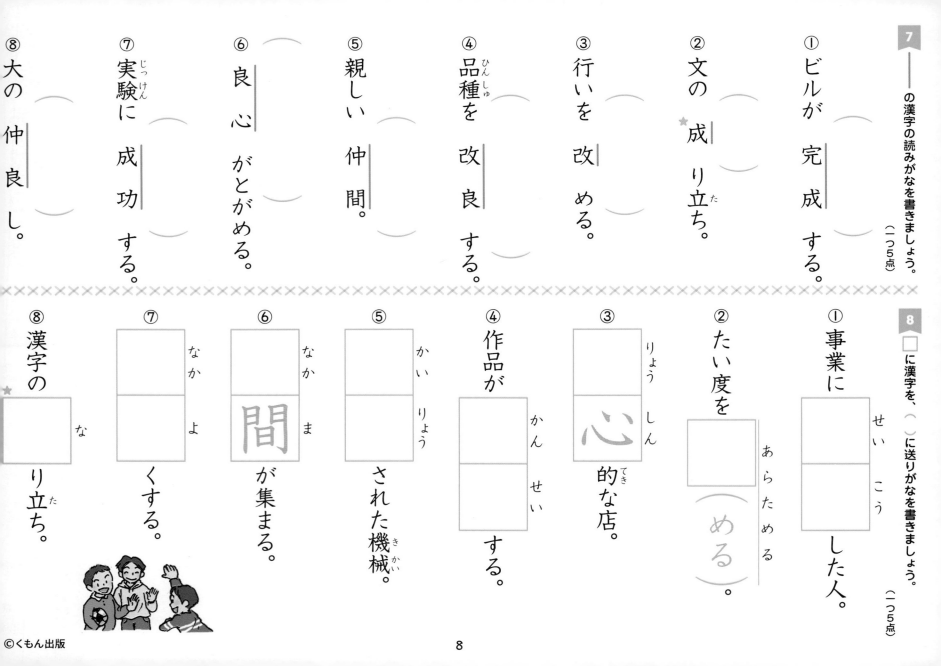

4

かくにんドリル①

★は、読み書きをまちがえやすい漢字です。

月	日	名前
はじめ	時	分
終わり	時	分
かかった時間		分
とく点		点

©くもん出版

1 ――の漢字の読みがなを書きましょう。（一つ2点）

① 絵画が完成する。

② 日本各地をめぐる。

③ 家具を固定する。

④ 学級会の司会。

⑤ 好きな音楽。

⑥ 駅の周辺《へん》の店。

2 ――の漢字の読みがなを書きましょう。（一つ4点）

①
共通の友人。
★共に行動する。

②
良心がとがめる。
大の仲良し。

③
千円《せんえん》札ではらう。
名札をつける。

④
道を左折する。
★折をみて話す。

3 □に漢字を書きましょう。（一つ4点）

① クラスの□□《なかま》。

② □□□□《がくげいかい》で歌う。

③ 実験《じっけん》の□□《せいこう》。

④ □□《こうぶつ》のケーキ。

⑤ 番組の□□《しかい》。

⑥ 品種《ひんしゅ》を□□《かいりょう》する。

⑦ □□《えいご》の歌。

★⑧ □《な》り立《た》ち。

⑨ 一万円《いちまんえん》□《さつ》。

4 ――のことばを漢字と送りがなで書きましょう。（一つ4点）

① まわりを見わたす。 □

② ルールをあらためる。 □

③ あまい味をこのむ。 □

④ 土をふみかためる。 □

⑤ 木のえだがおれる。 □

©くもん出版

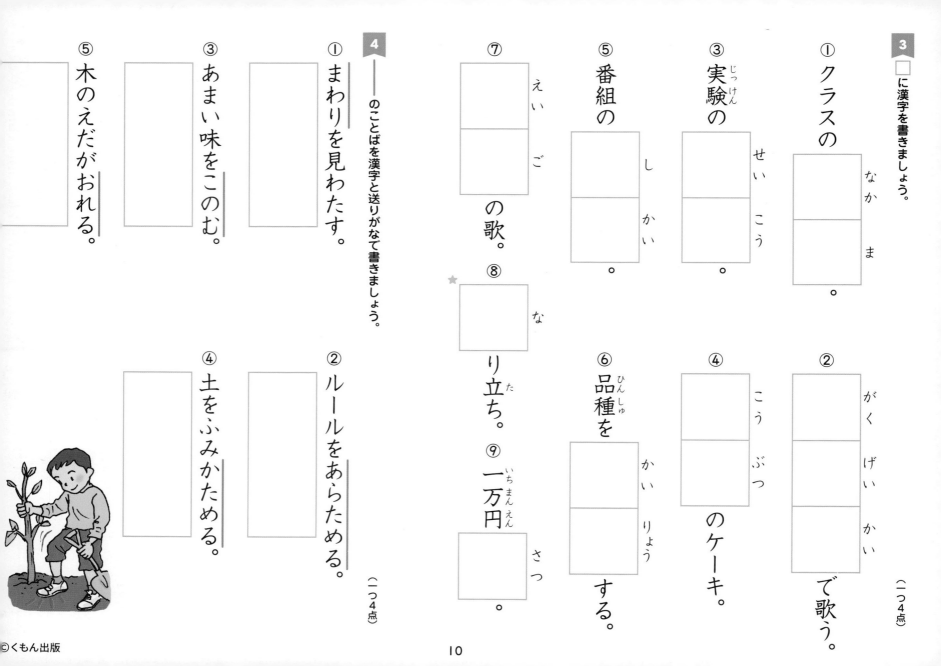

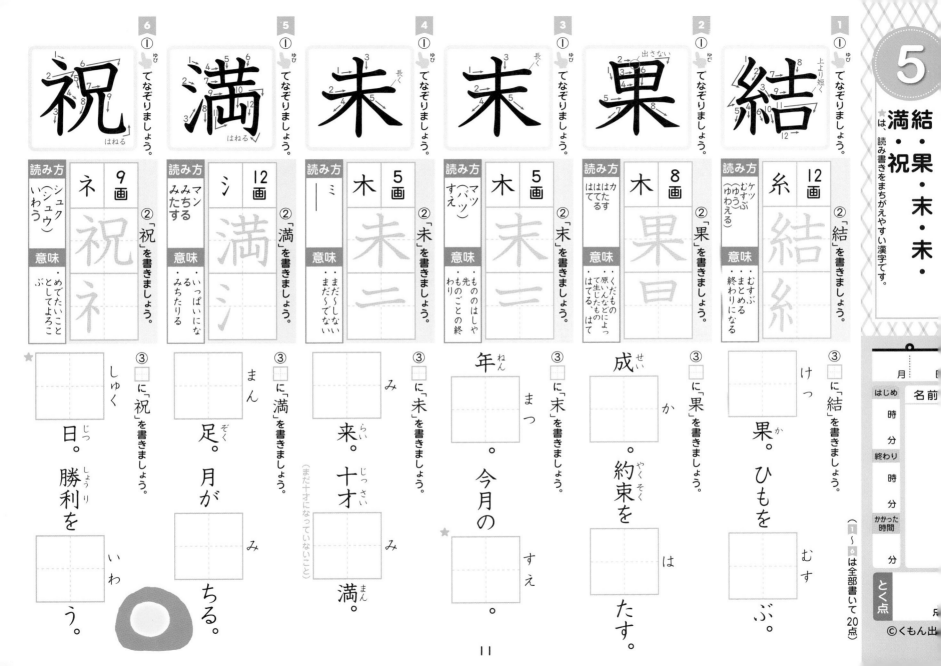

5 結・果・末・未・満・祝

★満・祝は、読み書きをまちがえやすい漢字です。

月　日

はじめ　時　分
終わり　時　分
かかった時間　分

名前

とく点　点

（1～6は全部書いて20点）

1
①ゆび《ゆび》でなぞりましょう。（上より短く）

②「結」を書きましょう。

部首	画数	読み方	意味
糸	12画	ケツ、むすぶ、（ゆう）、（ゆわえる）	・むすぶ ・まとめる ・終わりになる

③□に「結」を書きましょう。

□（けっ）果《か》。ひもを□（むす）ぶ。

2
①ゆび《ゆび》でなぞりましょう。（出さない）

②「果」を書きましょう。

部首	画数	読み方	意味
木	8画	カ、はたす、はてる、はて	・くだもの ・原いんなどによって生じたもの ・はてる、はて

③□に「果」を書きましょう。

成《せい》□（か）。約束《やくそく》を□（は）たす。

3
①ゆび《ゆび》でなぞりましょう。（長く）

②「末」を書きましょう。

部首	画数	読み方	意味
木	5画	マツ、（バツ）、すえ	・もののはしや先 ・ものごとの終わり

③□に「末」を書きましょう。

年《ねん》□（まつ）。★今月の□（すえ）。

4
①ゆび《ゆび》でなぞりましょう。（長く）

②「未」を書きましょう。

部首	画数	読み方	意味
木	5画	ミ、―	・まだ～しない ・まだ～でない

③□に「未」を書きましょう。

□（み）来《らい》。十才《じっさい》□（み）満《まん》。（まだ十才になっていないこと）

5
①ゆび《ゆび》でなぞりましょう。（はねる）

②「満」を書きましょう。

部首	画数	読み方	意味
氵	12画	マン、みちる、みたす	・いっぱいになる ・みちたりる

③□に「満」を書きましょう。

□（まん）足《ぞく》。月が□（み）ちる。

6
①ゆび《ゆび》でなぞりましょう。（はねる）

②「祝」を書きましょう。

部首	画数	読み方	意味
ネ	9画	シュク、（シュウ）、いわう	・めでたいことをしてよろこぶ

③□に「祝」を書きましょう。

★□（しゅく）日《じつ》。勝利《しょうり》を□（いわ）う。

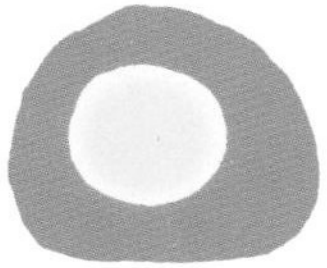

©くもん出

7 ——の漢字の読みがなを書きましょう。（一つ4点）

① 未来の社会。

② 年末の祝日。

③ 考えた末に決める。

④ お祝いの言葉。

⑤ くつひもを結ぶ。

⑥ 満足な結果。

⑦ 月が満ちる。

⑧ 紙を使い果たす。

8 □に漢字を、（ ）に送りがなを書きましょう。（一つ4点）

① 約束《やくそく》を□（たす）《はたす》。

② 海のしおが□（ちる）《みちる》。

③ かみの毛を□（ぶ）《むすぶ》。

④ □《み》来《らい》を想ぞうする。

⑤ たん生日のお□（い）《いわい》。

⑥ □《まん》足《ぞく》な□《けっ》□《か》。

⑦ 年《ねん》□《まつ》の□《しゅく》日《じつ》。

⑧ 今月の□《すえ》までの予定。

©くもん出版

6 伝・説・約・束・参・加

★は、読み書きをまちがえやすい漢字です。

（1〜6は全部書いて20点）

月	日
はじめ	時　分
終わり	時　分
かかった時間	分
名前	
とく点	点

1

① ゆび でなぞりましょう。

伝（とめる）

② 「伝」を書きましょう。

画数	部首	読み方	意味
6画	亻	デン つたわる つたえる つたう	・つたわる ・受けつぐ ・知らせる ・言いつたえ

③ □に「伝」を書きましょう。

□《でん》説《せつ》。

★音が□《つた》わる。

2

① ゆび でなぞりましょう。

説（はねる）

② 「説」を書きましょう。

画数	部首	読み方	意味
14画	言	セツ （ゼイ） とく	・話してわからせる ・考え

③ □に「説」を書きましょう。

□《せつ》明《めい》。

教えを□《と》く。

3

① ゆび でなぞりましょう。

約（はねる）

② 「約」を書きましょう。

画数	部首	読み方	意味
9画	糸	ヤク ―	・とりきめ ・おおよそ ・短くまとめる ・ひかえめにする

③ □に「約」を書きましょう。

□《やく》束《そく》。

節《せつ》□《やく》。

4

① ゆび でなぞりましょう。

束

② 「束」を書きましょう。

画数	部首	読み方	意味
7画	木	ソク たば	・まとめてしばる ・動けないようにする

③ □に「束」を書きましょう。

結《けっ》□《そく》。

花《はな》□《たば》。

5

① ゆび でなぞりましょう。

参

② 「参」を書きましょう。

画数	部首	読み方	意味
8画	ム	サン まいる	・なかまに入る ・寺や神社に行く ・くらべ合わせる

③ □に「参」を書きましょう。

□《さん》考《こう》。

お□《まい》りする。

6

① ゆび でなぞりましょう。

加（はねる）

② 「加」を書きましょう。

画数	部首	読み方	意味
5画	力	カ くわわる くわえる	・ふやす ・なかまに入る

③ □に「加」を書きましょう。

参《さん》□《か》。

数を□《くわ》える。

©くもん出

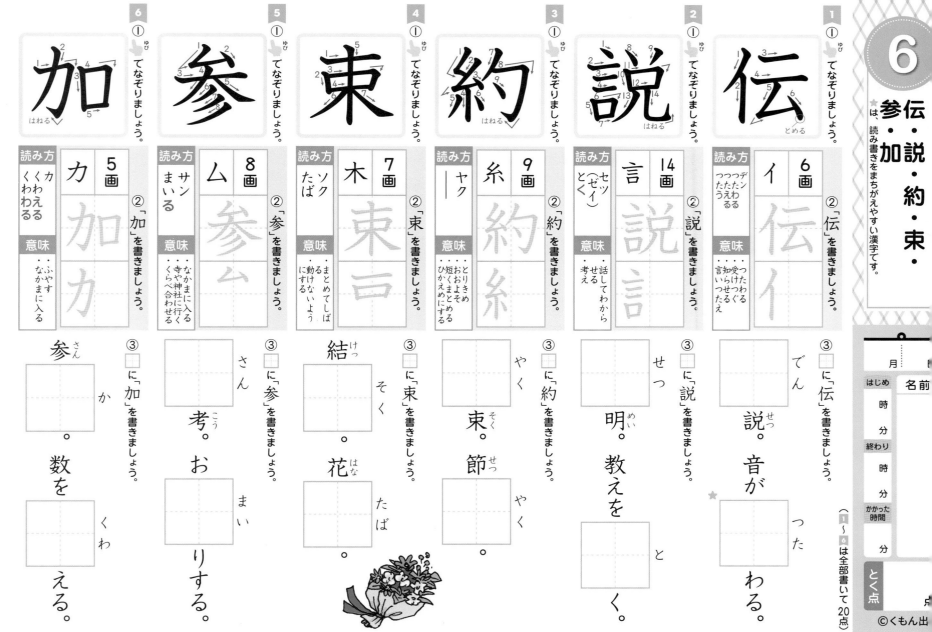

7 ――の漢字の読みがなを書きましょう。（一つ５点）

① きれいな花束。（　　　）

② 約束（　　　）の時間。

③ お参（　　　）りに行く。

④ 伝説（　　　）の生き物。

⑤ 祭りに参加（　　　）する。

⑥ 命の大切さを説（　　　）く。

⑦ 昔から★伝（　　　）わる話。

⑧ 力を加（　　　）える。

8 □に漢字を、（　）に送りがなを書きましょう。（一つ５点）

① 会に□□《さんか》する人数。

② □□《やくそく》を守る。

③ 町につたわる□□《でんせつ》。

④ 塩《しお》を□（える）《くわえる》。

⑤ 気持ちが★□（わる）《つたわる》。

⑥ おはか□（り）《まいり》に行く。

⑦ プレゼントの花《はな》□《たば》。

⑧ 人の道を□《と》く。

©くもん出版

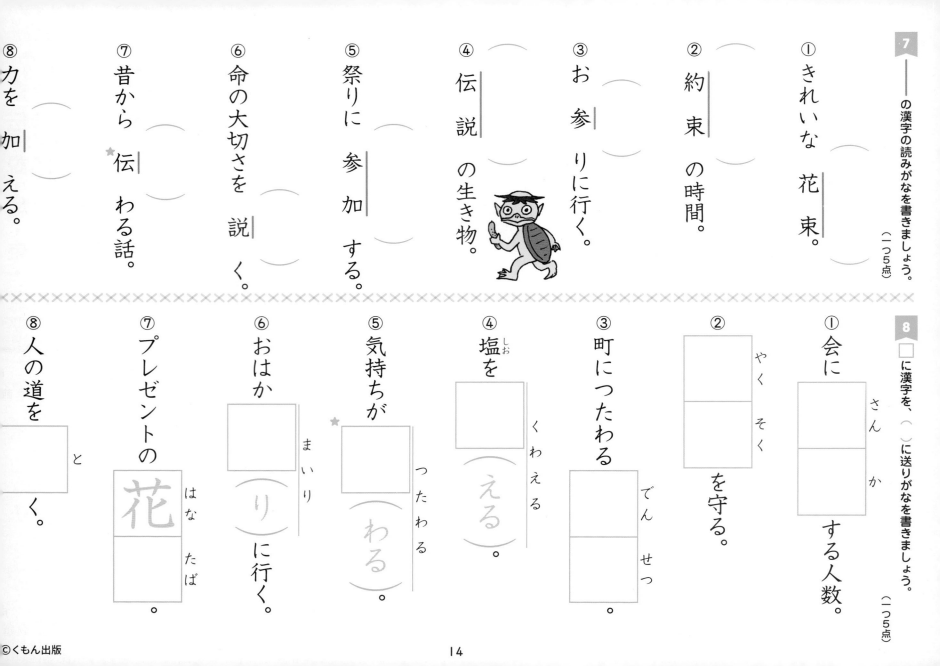

7 昨・以・笑・最・初

★は、読み書きをまちがえやすい漢字です。

月	日
はじめ	時　分
終わり	時　分
かかった時間	分
名前	
とく点	点

（1～5は全部書いて20点）

©くもん出

1

① ゆびでなぞりましょう。

昨

② 「昨」を書きましょう。

部首	画数	読み方	意味
日	9画	サク ―	・今より一つ前の日や時

③ □に「昨」を書きましょう。

□《さく》年《ねん》。

□《さく》夜《や》。

2

① ゆびでなぞりましょう。

以　とめる

② 「以」を書きましょう。

部首	画数	読み方	意味
人	5画	イ ―	・～より ・～から

③ □に「以」を書きましょう。

十人□《い》上《じょう》。（十人をふくみ、それより上）

□《い》前《ぜん》。（前、それより前）

3

① ゆびでなぞりましょう。

笑　はらう

② 「笑」を書きましょう。

部首	画数	読み方	意味
⺮	10画	（ショウ） わらう （えむ）	・わらう

③ □に「笑」を書きましょう。

大声で□《わら》う。

□《わら》い話《ばなし》。

4

① ゆびでなぞりましょう。

最

② 「最」を書きましょう。

部首	画数	読み方	意味
曰	12画	サイ もっとも	・このうえなく ・いちばんの

③ □に「最」を書きましょう。

□《さい》初《しょ》。

□《もっと》も高い山。

5

① ゆびでなぞりましょう。

初　はねる

② 「初」を書きましょう。

部首	画数	読み方	意味
刀	7画	ショ はじめ はじめて はつ・（うい） （そめる）	・はじめ ・はじめて

③ □に「初」を書きましょう。

□《しょ》日《にち》。年の□《はじ》め。

★□《はつ》雪《ゆき》がふる。

□《はじ》めて会う。

6 ―の漢字の読みがなを書きましょう。（一つ５点）

① ほがらかに笑（　）う。

② 初（　）めての体験《たいけん》。

③ 百年以上（　）も昔。

④ 最（　）も長い橋。

⑤ ★最初（　）に手を挙《あ》げる。

⑥ 昨年（　）の遠足。

⑦ 十時以前（　）にねる。

⑧ 初雪（　）がふる。

7 □に漢字を、（　）に送りがなを書きましょう。（一つ５点）

① ★□□《さいしょ》から読み直す。

② □年《さくねん》の出来事。

③ □前《いぜん》と同じ様子。

④ □雪《はつゆき》がふる。

⑤ □《はじ》（めて）《めて》の旅行。

⑥ 四年生□上《いじょう》の人。

⑦ □《もっと》（も）《も》せいが高い。

⑧ 大きな声で□《わら》（う）《う》。

©くもん出版

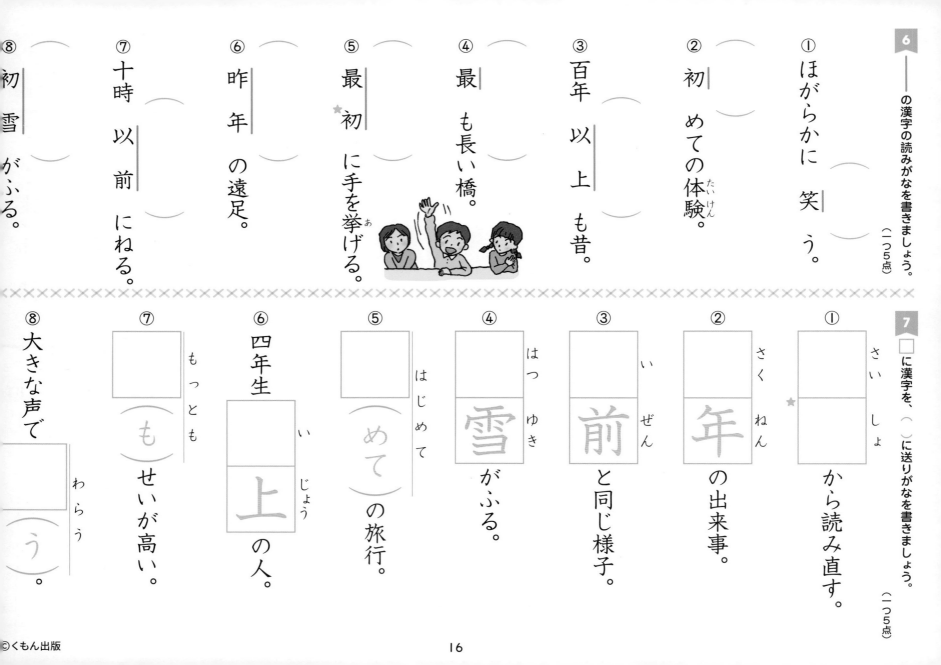

8 かくにんドリル②

★は、読み書きをまちがえやすい漢字です。

月　日

はじめ　時　分
終わり　時　分
かかった時間　分

名前

とく点　点

©くもん出版

1 ―の漢字の読みがなを書きましょう。（一つ2点）

① 本を参考にする。

② 大声で笑う。

③ 心から満足する。

④ 成果をおさめる。

⑤ 伝説の生き物。

⑥ 大会に参加する。

2 ―の漢字の読みがなを書きましょう。（一つ4点）

①
集だんで結束する。
大きな花束。

②
最★初に行う。
最も大きい花。

③
年末はいそがしい。
今月の★末の予定。

④
わけを説明する。
教えを説く。

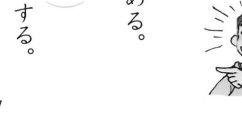

3 □に漢字を書きましょう。（一つ4点）

① 近い□□《みらい》。
② 赤ちゃんが□《わら》う。
③ 国民《こくみん》の□□《しゅくじつ》。★
④ □□《さくねん》の出来事。
⑤ せきにんを□《は》たす。
⑥ □□《やくそく》を守る。
⑦ 十才□□《いじょう》の人。
⑧ 神社にお□《まい》りする。

4 ――のことばを漢字と送りがなで書きましょう。（一つ4点）

① さとうをくわえる。
② はじめてのおつかい。
③ リボンをむすぶ。
④ うわさがつたわる。★
⑤ 自信にみちる。
⑥ たん生日のおいわい。

©くもん出版

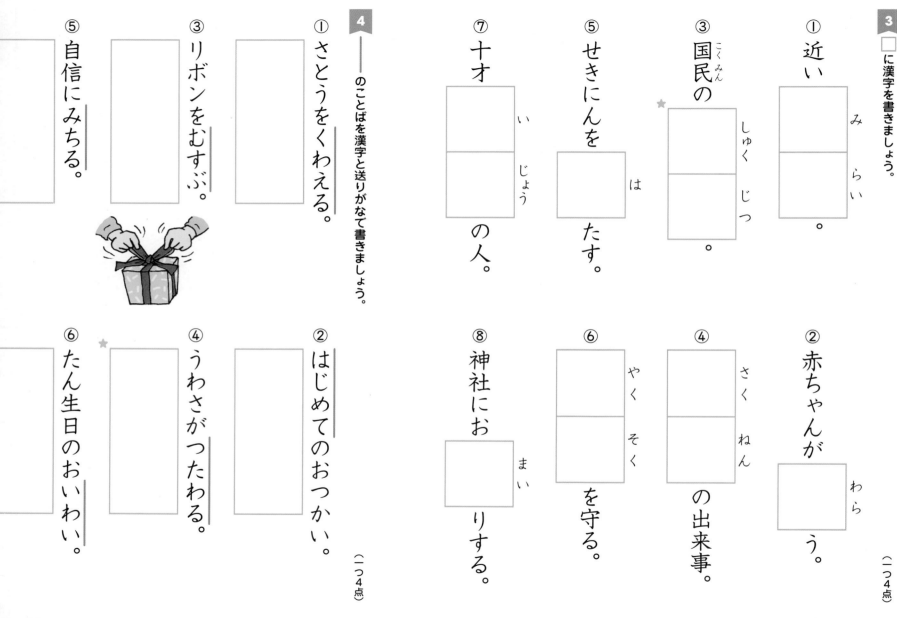

9 材・料・特・別・辺

(1～5は全部書いて28点)

1

① ゆびでなぞりましょう。

材

② 「材」を書きましょう。

木	7画

読み方：ザイ

意味：・物をつくるための木 ・もとになるもの

③ □に「材」を書きましょう。

取《しゅ》□《ざい》。

□《ざい》料《りょう》。

2

① ゆびでなぞりましょう。

料

② 「料」を書きましょう。

斗	10画

読み方：リョウ

意味：・使うのにもとになるもの ・代金

③ □に「料」を書きましょう。

□《りょう》理《り》。

無《む》□《りょう》のお茶。

3

① ゆびでなぞりましょう。

特

② 「特」を書きましょう。

牛	10画

読み方：トク

意味：・とびぬけている

③ □に「特」を書きましょう。

□《とく》別《べつ》。

□《とく》定《てい》の店。

4

① ゆびでなぞりましょう。

別

② 「別」を書きましょう。

刂	7画

読み方：ベツ　わかれる

意味：・わかれる ・分ける ・ことなる

③ □に「別」を書きましょう。

区《く》□《べつ》。

友《とも》達《だち》と□《わか》れる。

5

① ゆびでなぞりましょう。

辺

② 「辺」を書きましょう。

辶	5画

読み方：ヘン　あたり　べ

意味：・ある場所の近く ・多角形を形づくる直線

③ □に「辺」を書きましょう。

学校の近《きん》□《ぺん》。

海《うみ》□《べ》を歩く。

□《あた》りを見回す。

月　日

はじめ　時　分

終わり　時　分

かかった時間　分

名前

とく点　点

©くもん出版

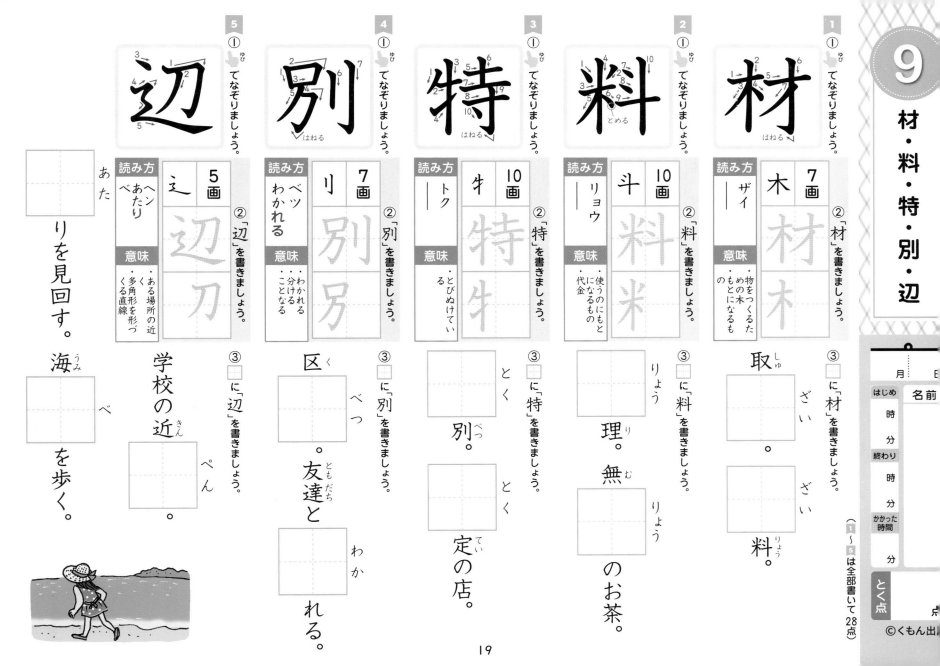

6 ―の漢字の読みがなを書きましょう。（一つ4点）

① 料理の材料。（　　）（　　）

② 大きさで区別する。（　　）

③ 工場を取材する。（　　）

④ 交差点《こうさてん》で別れる。（　　）

⑤ 海《うみ》辺の家。（　　）

⑥ 学校の近辺。（　　）

⑦ 辺りを見回す。（　　）

⑧ 特別大きい箱。（　　）

7 □に漢字を、（　）に送りがなを書きましょう。（一つ4点）

① あたり □（り）の景色《けしき》。

② とくべつ □□ にあつかう。

③ うみべ 海□ を歩く。

④ 家の きんぺん 近□。

⑤ しゅざい 取□ を受ける。

⑥ りょう □ 理《り》の ざいりょう □□。

⑦ 重さで くべつ 区□ をする。

⑧ 友達《ともだち》と わかれる □（れる）。

©くもん出版

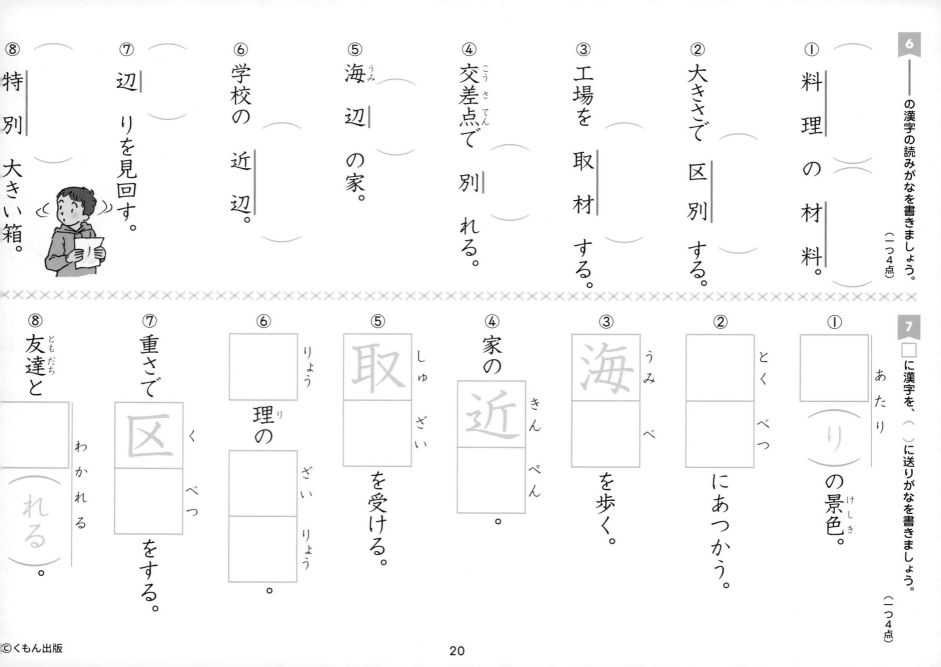

10 辞・欠・席・典・街・灯・

月　日

名前

はじめ　時　分

終わり　時　分

かかった時間　分

とく点

（1～6は全部書いて20点）

1

① ゆびでなぞりましょう。

欠（右から）

② 「欠」を書きましょう。

4画　欠

読み方：ケツ　か（ける）　か（く）

意味：・足りない　・こわれる

③ □に「欠」を書きましょう。

出《しゅっ》□《けつ》。

皿が□《か》ける。

2

① ゆびでなぞりましょう。

席（はねる）

② 「席」を書きましょう。

10画　巾

読み方：セキ

意味：・すわる場所　・会を行う場所

③ □に「席」を書きましょう。

欠《けっ》□《せき》。

□《せき》に着く。

3

① ゆびでなぞりましょう。

街（はねる）

② 「街」を書きましょう。

12画　行

読み方：ガイ　（カイ）　まち

意味：・家が多くてにぎやかな所　・大きな通り

③ □に「街」を書きましょう。

商店《しょうてん》□《がい》。

□《まち》角《かど》。

4

① ゆびでなぞりましょう。

灯（はねる）

② 「灯」を書きましょう。

6画　火

読み方：トウ　（ひ）

意味：・明かり　・ともしび

③ □に「灯」を書きましょう。

街《がい》□《とう》。

（道路をてらす、道ばたの明かり）

かい中電《ちゅうでん》□《とう》。

5

① ゆびでなぞりましょう。

辞（短く）

② 「辞」を書きましょう。

13画　辛

読み方：ジ　（やめる）

意味：・ことばや文章　・やめる

③ □に「辞」を書きましょう。

国語□《じ》典《てん》。

祝《しゅく》□《じ》。

6

① ゆびでなぞりましょう。

典

② 「典」を書きましょう。

8画　八

読み方：テン

意味：・大切な書物　・きまり　・ぎ式

③ □に「典」を書きましょう。

百科事《じ》□《てん》。

式《しき》□《てん》。

©くもん出

7 ――の漢字の読みがなを書きましょう。（一つ5点）

① 月が欠（　　）ける。

② 席（　　）を立つ。

③ 商店街（　　）を歩く。

④ 街角（　　）の交番。

⑤ 会を欠席（　　）する。

⑥ 電灯（　　）の明かり。

⑦ 百科事典（　　）。

⑧ 国語辞典（　　）。

8 □に漢字を、（　）に送りがなを書きましょう。（一つ5点）

① かい中《ちゅう》電□《でんとう》。

② □角《まちかど》のパン屋さん。

③ 自分の□《せき》にすわる。

④ かぜで□□《けっせき》する。

⑤ 百科事□《じてん》で調べる。

⑥ 国語□□《じてん》を開く。

⑦ 駅前の商店□《しょうてんがい》。

⑧ コップが□（ける）《かける》。

©くもん出版

11 泣・治・法・浴・牧

月　日
名前
はじめ　時　分
終わり　時　分
かかった時間　分
とく点
（1〜5は全部書いて28点）
©くもん出版

1

① ゆび でなぞりましょう。

泣（長く）

読み方	8画	氵
（キュウ） なく		

意味
・なみだを流したり、声をあげたりする

② 「泣」を書きましょう。

③ □に「泣」を書きましょう。

弟が□《な》く。

□《な》き顔《がお》。

2

① ゆび でなぞりましょう。

治（おる）

読み方	8画	氵
ジ・チ おさめる おさまる なおる なおす		

意味
・みだれをととのえる
・なおる

② 「治」を書きましょう。

③ □に「治」を書きましょう。

明《めい》□《じ》時代。

□《ち》りょう。（病気やけがをなおすこと）

国を□《おさ》める。

病気が□《なお》る。

3

① ゆび でなぞりましょう。

法（とめる）

読み方	8画	氵
ホウ （ハッ） （ホッ）		

意味
・きまり
・おきて
・ほとけの教え
・やり方

② 「法」を書きましょう。

③ □に「法」を書きましょう。

方《ほう》□《ほう》。

自《し》然《ぜん》の□《ほう》則《そく》。

4

① ゆび でなぞりましょう。

浴

読み方	10画	氵
ヨク あびる あびせる		

意味
・水や湯、光などを体にあびる

② 「浴」を書きましょう。

③ □に「浴」を書きましょう。

□《よく》室《しつ》。

水を□《あ》びる。

5

① ゆび でなぞりましょう。

牧（右上へ）

読み方	8画	牛
ボク （まき）		

意味
・家ちくをかう

② 「牧」を書きましょう。

③ □に「牧」を書きましょう。

□《ぼく》場《じょう》。

□《ぼく》草《そう》。

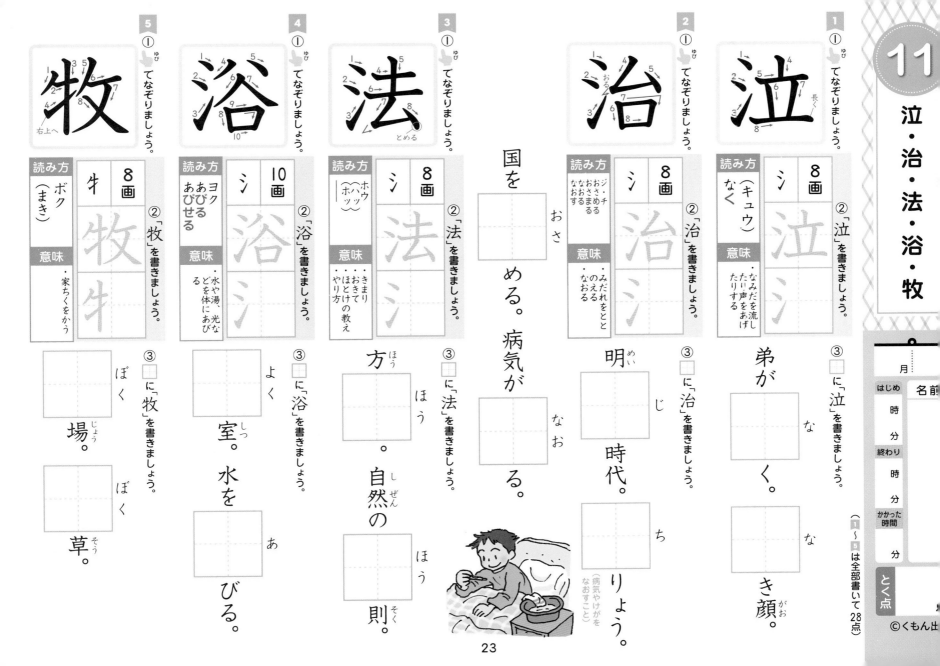

6 ――の漢字の読みがなを書きましょう。（一つ4点）

① 牛が牧草を食べる。（　　）

② 国を治める。（　　）

③ 実験《じっけん》の方法。（　　）

④ 浴室に入る。（　　）

⑤ 妹が泣く。（　　）

⑥ 虫歯の治りょう。（　　）

⑦ シャワーを浴びる。（　　）

⑧ かぜが治る。（　　）

⑨ 明治時代のくらし。（　　）

7 □に漢字を、（　）に送りがなを書きましょう。（一つ4点）

① 日光を□《あ》（びる）。

② きずが□《なお》（る）。

③ 国を□《おさ》（める）。

④ 明《めい》□《じ》時代の出来事。

⑤ 高原の□《ぼく》草《そう》地《ち》。

⑥ 方《ほう》□《ほう》を考える。

⑦ □《よく》室《しつ》のドア。

⑧ 弟が大声で□《な》く。

⑨ 病院で□《ち》りょうする。

©くもん出版

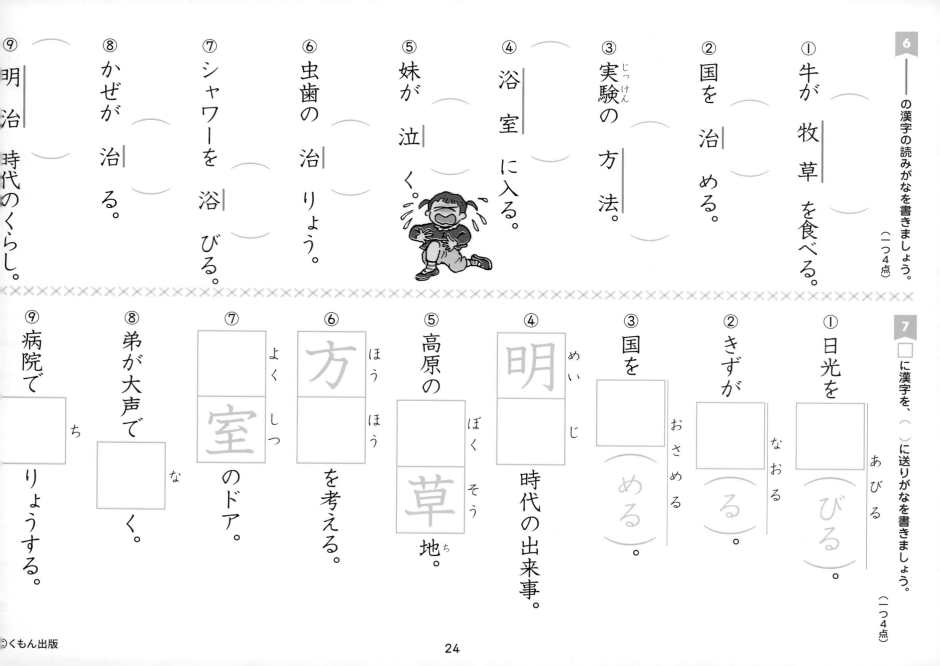

12 かくにんドリル③

月　日

はじめ　時　分

終わり　時　分

かかった時間　分

名前

とく点　点

©くもん出版

1 ―の漢字の読みがなを書きましょう。（一つ2点）

① 国語辞典を引く。

② 材料を集める。

③ 浴室のそうじ。

④ 欠席者《しゃ》の人数。

⑤ 馬が牧草を食べる。

⑥ 正しい方法。

2 ―の漢字の読みがなを書きましょう。（一つ4点）

①
海《うみ》辺の家。
辺りの風景《ふうけい》。

②
明治時代。
国を治める。

③
街灯がつく。
街角の店。

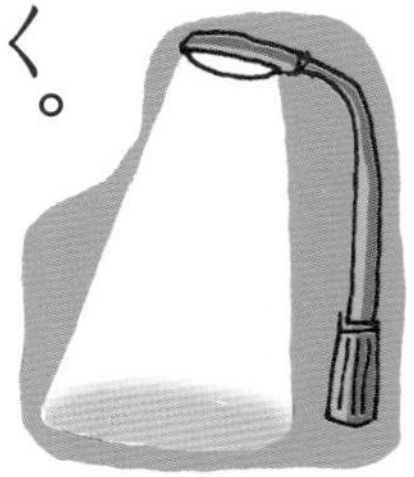

④
特別重い箱。
駅で別れる。

3 □に漢字を書きましょう。

（一つ4点）

① 実験《じっけん》の □□《ほうほう》。

② 国語□□《じてん》。

③ 室内の□□《でんとう》を消す。

④ 広い□□《ぼくそう》地《ち》。

⑤ □□《しゅざい》を受ける。

⑥ 赤ちゃんが□《な》く。

⑦ 母の□□《りょうり》。

⑧ 駅の□□《きんぺん》を歩く。

⑨ □□《とくべつ》な日。

⑩ 地下の□□□《しょうてんがい》。

4 ——のことばを漢字と送りがなで書きましょう。

（一つ4点）

① 茶わんが<u>かける</u>。 □

② シャワーを<u>あびる</u>。 □

③ 病気が<u>なおる</u>。 □

④ 校門で友達《ともだち》と<u>わかれる</u>。 □

©くもん出版

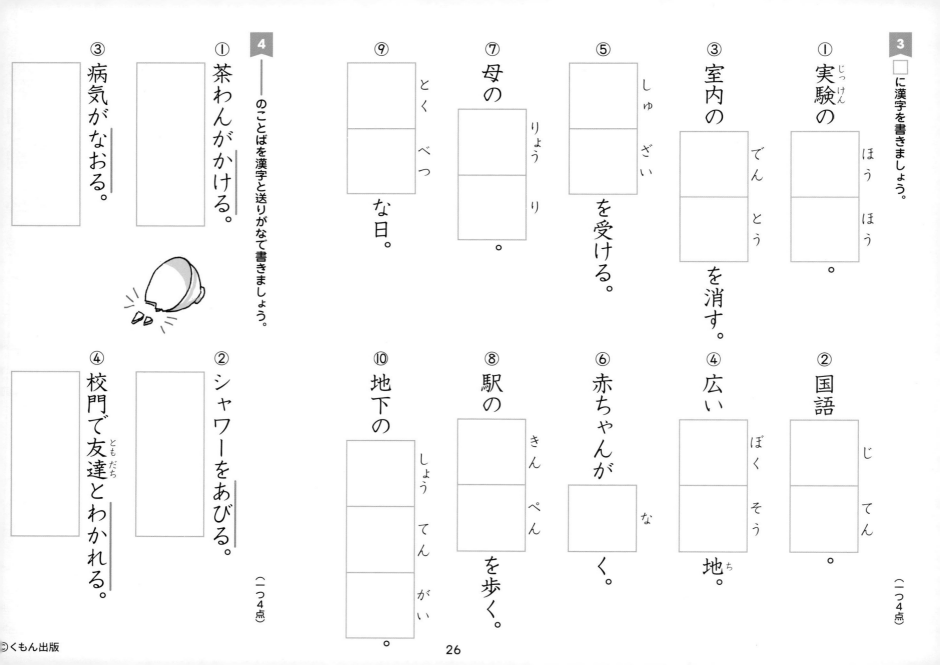

13 印・刷・必・要・求・貨

月　日　名前

はじめ　時　分
終わり　時　分
かかった時間　分

とく点　点

（1〜6は全部書いて20点）

1

① 指《ゆび》でなぞりましょう。

印（はねる）

② 「印」を書きましょう。

6画	卩

読み方：イン　しるし

意味：・しるし　・しるしをつける　・はんこ

③ □に「印」を書きましょう。

□《いん》象《しょう》。

□《しるし》を付《つ》ける。

2

① 指《ゆび》でなぞりましょう。

刷（はねる）

② 「刷」を書きましょう。

8画	刂

読み方：サツ　する

意味：・うつしとる　・する

③ □に「刷」を書きましょう。

印《いん》□《さつ》。

新聞を□《す》る。

3

① 指《ゆび》でなぞりましょう。

必（はねる）

② 「必」を書きましょう。

5画	心

読み方：ヒツ　かならず

意味：・まちがいなく　・きっと

③ □に「必」を書きましょう。

□《ひつ》要《よう》。

□《かなら》ず勝つ。

4

① 指《ゆび》でなぞりましょう。

要

② 「要」を書きましょう。

9画	西

読み方：ヨウ　かなめ　（いる）

意味：・大切なところ　・もとめる

③ □に「要」を書きましょう。

□《よう》点《てん》。

チームの□《かなめ》。（大切なものごと）

5

① 指《ゆび》でなぞりましょう。

求（はねる）

② 「求」を書きましょう。

7画	水

読み方：キュウ　もとめる

意味：・自分のものにしようとする

③ □に「求」を書きましょう。

□《きゅう》人《じん》。

助けを□《もと》める。

6

① 指《ゆび》でなぞりましょう。

貨（はねる）

② 「貨」を書きましょう。

11画	貝

読み方：カ　―

意味：・お金　・品物

③ □に「貨」を書きましょう。

金《きん》□《か》。

□《か》物《もつ》列車。

©くもん出版

7

―の漢字の読みがなを書きましょう。（一つ4点）

① チームの要（　　）になる。

② 必要（　　）な道具。

③ 仕事の求人（　　）。

④ 答えを求（　　）める。

⑤ 案内状《あんないじょう》を刷（　　）る。

⑥ 必（　　）ず印（　　）を付《つ》ける。

⑦ はがきを印刷（　　）する。

⑧ 印（　　）象《しょう》が強い。

⑨ 貨物（　　）列車が通る。

8

□に漢字を、（　）に送りがなを書きましょう。（一つ4点）

① 協力《きょうりょく》を□（める）《もとめる》。

② チームの□《かなめ》になる。

③ 文集を□《す》る。

④ □（ず）《かならず》□《しるし》を付《つ》ける。

⑤ 船で□物《かもつ》を運ぶ。

⑥ □□《いんさつ》された本。

⑦ 仕事の□人《きゅうじん》。

⑧ 旅行に□□《ひつよう》な物。

⑨ 明るい□《いん》象《しょう》の人。

©くもん出版

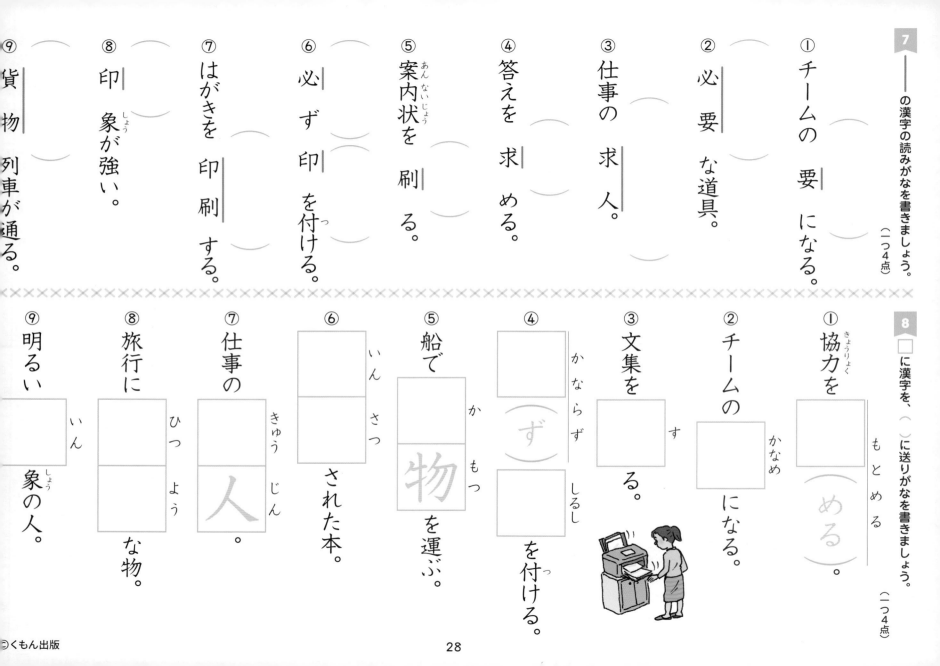

14 季・節・希・望・覚

月　日

はじめ　時　分

終わり　時　分

かかった時間　分

名前

とく点　点

©くもん出

（1～5は全部書いて20点）

1

① ゆびでなぞりましょう。

季（右から　1～8）

読み方	子	8画
キ		
意味		
・春夏秋冬のそれぞれの区分		

② 「季」を書きましょう。

③ □に「季」を書きましょう。

□《き》節《せつ》。四《し》□《き》の変化《へんか》。

2

① ゆびでなぞりましょう。

節（1～13　はねる）

読み方	⺮	13画
セツ（セチ） ふし		
意味		
・区切り ・気こうのかわりめ ・ひかえめにする		

② 「節」を書きましょう。

③ □に「節」を書きましょう。

調《ちょう》□《せつ》。□《ふし》目《め》。

3

① ゆびでなぞりましょう。

希（1～7　とめる）

読み方	巾	7画
キ		
意味		
・ねがう ・めずらしい ・うすい		

② 「希」を書きましょう。

③ □に「希」を書きましょう。

□《き》望《ぼう》。□《き》少《しょう》動物。（とても数の少ない動物）

4

① ゆびでなぞりましょう。

望（1～11　はねる）

読み方	月	11画
ボウ（モウ） のぞむ		
意味		
・ねがう ・遠くを見る		

② 「望」を書きましょう。

③ □に「望」を書きましょう。

□《ぼう》遠《えん》鏡《きょう》。平和を□《のぞ》む。

5

① ゆびでなぞりましょう。

覚（1～12　はねる）

読み方	見	12画
カク おぼえる さます さめる		
意味		
・感じる ・記おくする ・目ざめる		

② 「覚」を書きましょう。

③ □に「覚」を書きましょう。

感《かん》□《かく》。漢字を□《おぼ》える。

母の声で目が□《さ》める。目《め》□《ざ》まし時計《どけい》。

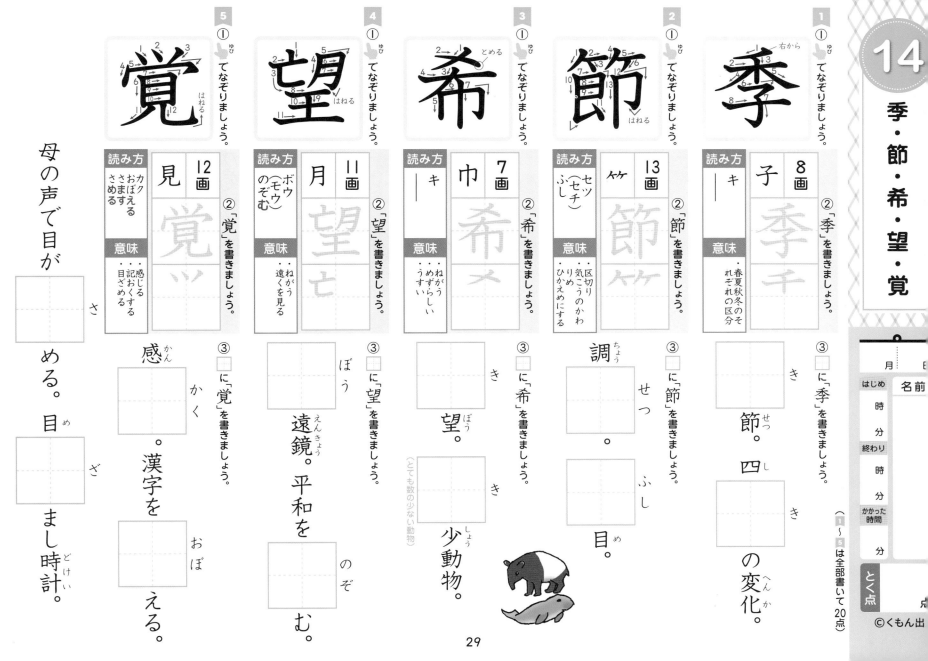

6 ――の漢字の読みがなを書きましょう。（一つ5点）

① 名前を覚える。（　　）

② 季節の変《か》わり目《め》。（　　）

③ 望遠鏡をのぞく。（きょう）

④ 目が覚める。（　　）

⑤ 人生の節目。（　　）

⑥ 多くのことを望む。（　　）

⑦ 冷《つめ》たい感覚。（　　）

⑧ 希望をもつ。（　　）

7 □に漢字を、（　）に送りがなを書きましょう。（一つ5点）

① □□《きせつ》外《はず》れの服。

② しょう来の□□《きぼう》。

③ 夜、目が□《さ》（める）。

④ 平和を□《のぞ》（む）。

⑤ せりふを□《おぼ》（える）。

⑥ □《ぼう》遠《えん》鏡《きょう》で見る。

⑦ 卒業《そつぎょう》という□《ふし》目《め》。

⑧ 指先の感《かん》□《かく》。

©くもん出版

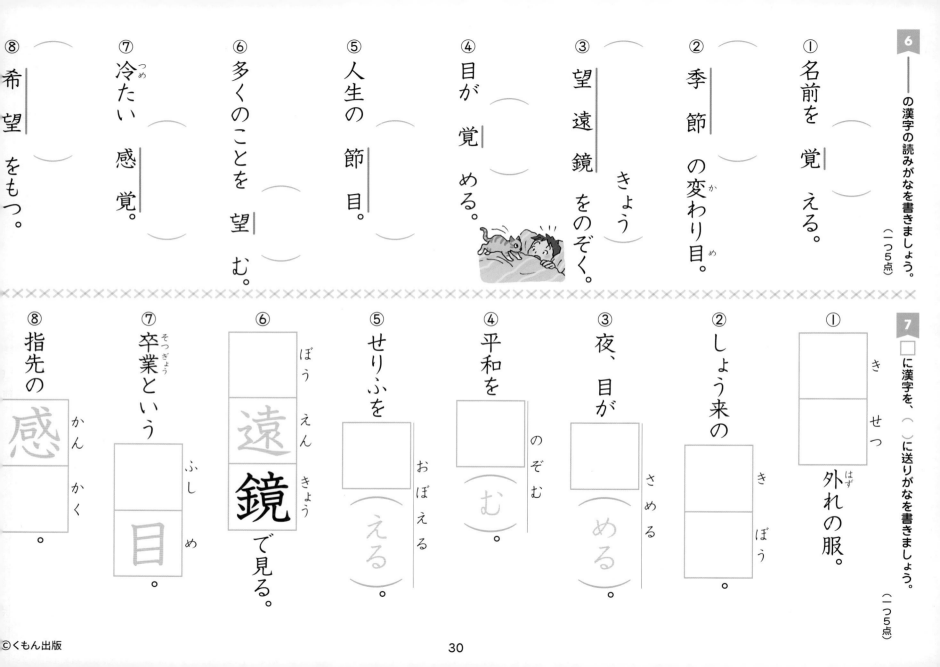

15 便・利・副・試・験

月　日
はじめ　時　分
終わり　時　分
かかった時間　分
名前
とく点　点
（1～5は全部書いて20点）

1

① ゆびでなぞりましょう。

便（はらう）

② 「便」を書きましょう。

9画　イ

読み方：ベン　ビン　たより

意味：・つごうがよい　・手紙　・つうじ

③ □に「便」を書きましょう。

不《ふ》□《べん》な生活。

ゆう□《びん》はがき。

□《たよ》りがとどく。

2

① ゆびでなぞりましょう。

利（はねる）

② 「利」を書きましょう。

7画　刂

読み方：リ　（きく）

意味：・つごうがよい　・もうけ　・するどい

③ □に「利」を書きましょう。

便《べん》□《り》。

□《り》用《よう》。

3

① ゆびでなぞりましょう。

副（はねる）

② 「副」を書きましょう。

11画　刂

読み方：フク

意味：・おもなものにそえて助けるもの

③ □に「副」を書きましょう。

□《ふく》会長《かいちょう》。

□《ふく》業《ぎょう》。（おもな仕事のほかにする仕事）

4

① ゆびでなぞりましょう。

試（はねる）

② 「試」を書きましょう。

13画　言

読み方：シ　こころみる　（ためす）

意味：・やってみる　・ためす

③ □に「試」を書きましょう。

□《し》合《あい》。

節約《せつやく》を□《こころ》みる。

5

① ゆびでなぞりましょう。

験（はねる）

② 「験」を書きましょう。

18画　馬

読み方：ケン　（ゲン）

意味：・じっさいにやってみる

③ □に「験」を書きましょう。

試《し》□《けん》。

体《たい》□《けん》。

©くもん出

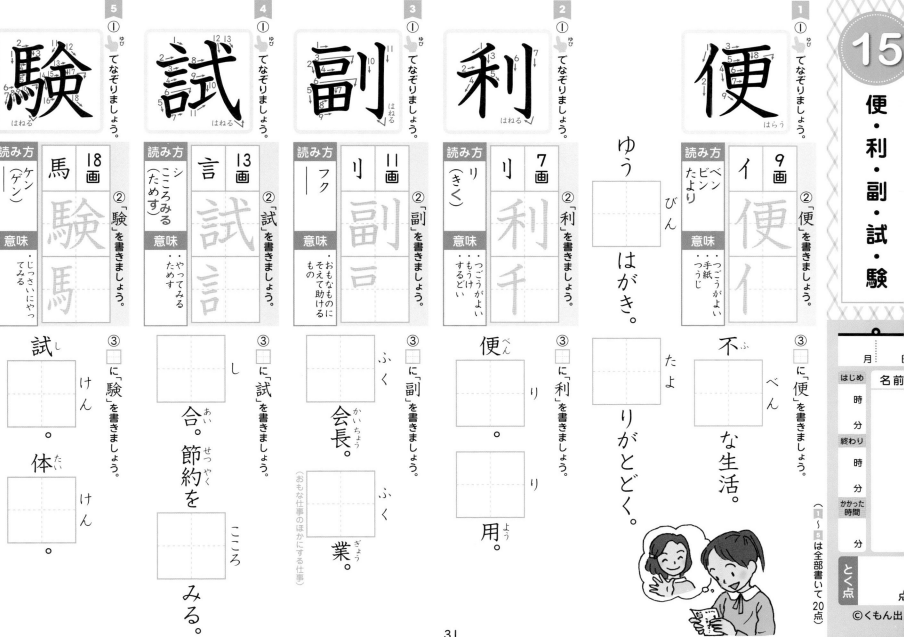

6 ――の漢字の読みがなを書きましょう。（一つ5点）

① 新しく試（　）みる。

② 町内会の副会長（　）。

③ サッカーの試合（　）。

④ 便利（　）な道具。

⑤ 図書館を利用（　）する。

⑥ 試験（　）を受ける。

⑦ ゆう便（　）はがき。

⑧ 便（　）りがとどく。

7 □に漢字を、（　）に送りがなを書きましょう。（一つ5点）

① 速達《そくたつ》のゆう□《びん》。

② バスを□用《りよう》する。

③ うれしい□（り）《たより》。

④ 遠泳を□（みる）《こころみる》。

⑤ 野球の□合《しあい》に出る。

⑥ □会長《ふくかいちょう》の席《せき》。

⑦ □□《べんり》な生活。

⑧ 高校の入学□□《しけん》。

©くもん出版

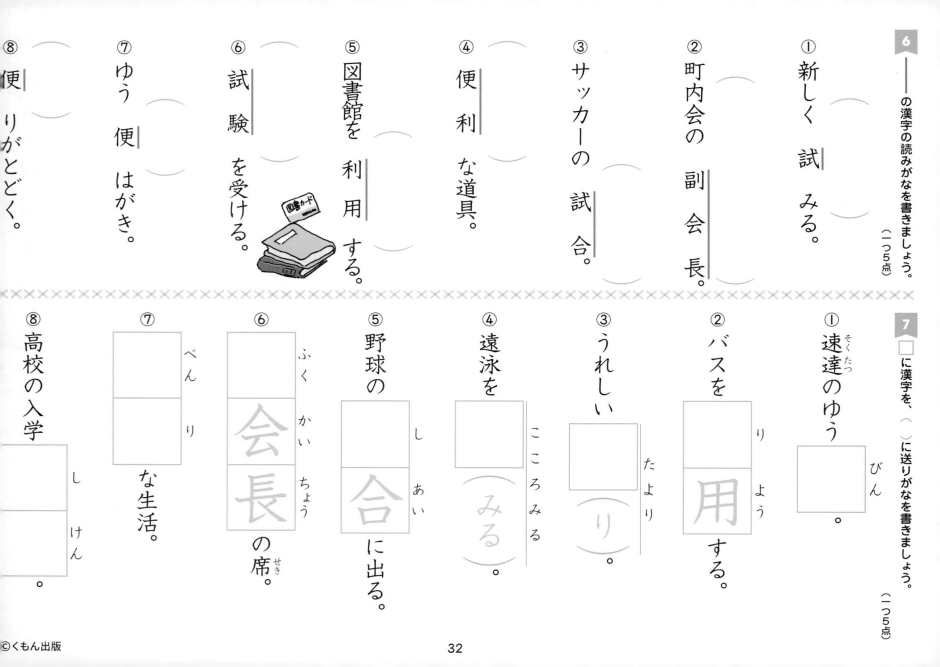

16 かくにんドリル④

月　日

はじめ　時　分

終わり　時　分

かかった時間　分

名前

とく点　点

©くもん出版

1 ―の漢字の読みがなを書きましょう。（一つ2点）

① 要点をまとめる。

② 貨物列車。

③ 仕事の求人。

④ 望遠鏡《きょう》で見る。

⑤ 車を利用する。

⑥ ゆう便切手を買う。

2 ―の漢字の読みがなを書きましょう。（一つ4点）

① よい印象《しょう》をもつ。
地図に印を付《つ》ける。

② 印刷会社。
文集を刷る。

③ 指先の感覚。
目が覚める。

④ 温度を調節する。
人生の節目。

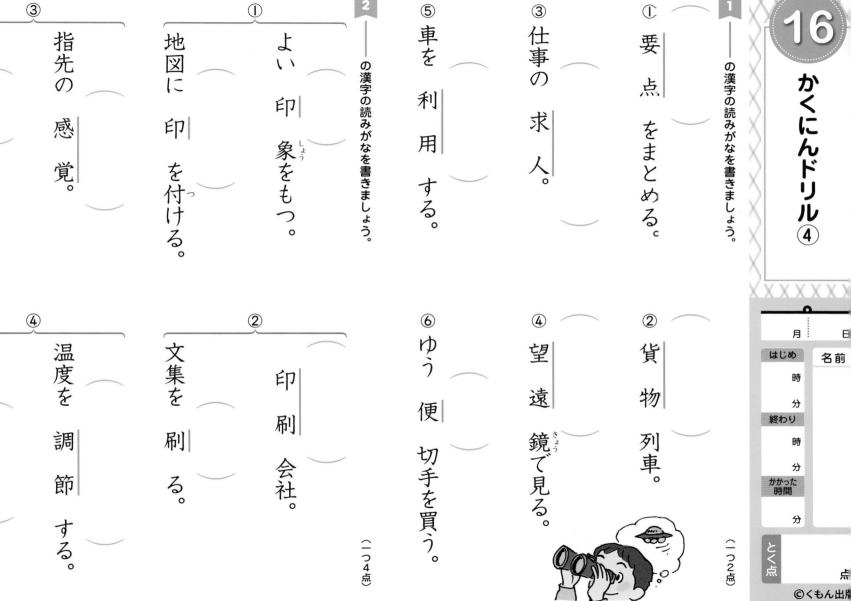

3 □に漢字を書きましょう。（一つ4点）

① □□《きせつ》の変《か》わり目《め》。

② □□□《ふくかいちょう》。

③ しょう来の□□《きぼう》。

④ □□《ひつよう》な書《しょ》類《るい》。

⑤ 夜中に目が□《さ》める。

⑥ □□《しけん》を受ける。

⑦ チームの□《かなめ》になる人。

⑧ □□《べんり》な道具。

4 ――のことばを漢字と送りがなで書きましょう。（一つ4点）

① 協力《きょうりょく》を__もとめる__。

② __かならず__勝つ。

③ せりふを__おぼえる__。

④ 新しい方法《ほうほう》を__こころみる__。

⑤ 外国からの__たより__。

⑥ 平和を__のぞむ__。

©くもん出版

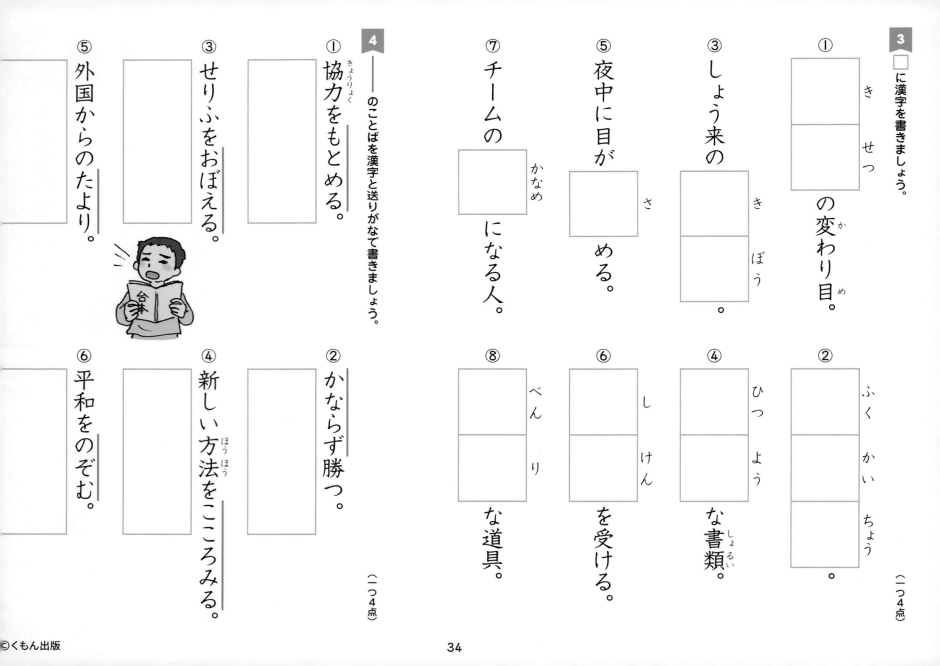

17 付・府・官・管・給

★は、読み書きをまちがえやすい漢字です。

月　日

はじめ　時　分

終わり　時　分

かかった時間　分

名前

とく点

（1～5は全部書いて20点）

©くもん出

1

① ゆびでなぞりましょう。

付（はねる）

② 「付」を書きましょう。

5画	イ

読み方：フ　つける　つく

意味：・くっつける　・そえる　・あたえる

③ □に「付」を書きましょう。

★□《ふ》近《きん》。

印《しるし》を□《つ》ける。

2

① ゆびでなぞりましょう。

府（はねる）

② 「府」を書きましょう。

8画	广

読み方：フ　―

意味：・地方自ち体の一つ　・役所　・みやこ

③ □に「府」を書きましょう。

京都《きょうと》□《ふ》。

都道《とどう》□《ふ》県《けん》。

3

① ゆびでなぞりましょう。

官

② 「官」を書きましょう。

8画	宀

読み方：カン　―

意味：・役人　・体の、あるはたらきをする部分

③ □に「官」を書きましょう。

けい察《さつ》□《かん》。

器《き》□《かん》。

4

① ゆびでなぞりましょう。

管

② 「管」を書きましょう。

14画	⺮

読み方：カン　くだ

意味：・細長くて中がからのつつ

③ □に「管」を書きましょう。

血《けっ》★□《かん》。

試《し》験《けん》★□《かん》。

ゴムの□《くだ》。

細い□《くだ》を通す。

5

① ゆびでなぞりましょう。

給

② 「給」を書きましょう。

12画	糸

読み方：キュウ　―

意味：・あたえる　・たりないところをたす

③ □に「給」を書きましょう。

□《きゅう》食《しょく》。

□《きゅう》料《りょう》。

6 ―の漢字の読みがなを書きましょう。（一つ5点）

① 京都《きょうと》府に住む。（　）

② 目印《めじるし》を付ける。（　）

③ 試験管。（　）（　）

④ けい察《さつ》官。（　）

⑤ 給食のこんだて。（　）

⑥ 公園の付近。（　）

⑦ 父が給料をもらう。（　）

⑧ ゴムの管。（　）

7 □に漢字を、（　）に送りがなを書きましょう。（一つ5点）

① ゴムの□《くだ》。

② シールを□（ける）《つける》。

③ □食《きゅうしょく》の時間。

④ □料《きゅうりょう》が上がる。

⑤ 大阪《おおさか》□《ふ》の地図。

⑥ 細長い試験□《しけんかん》。

⑦ けい察《さつ》□《かん》のせい服。

⑧ 学校の□近《ふきん》。

©くもん出版

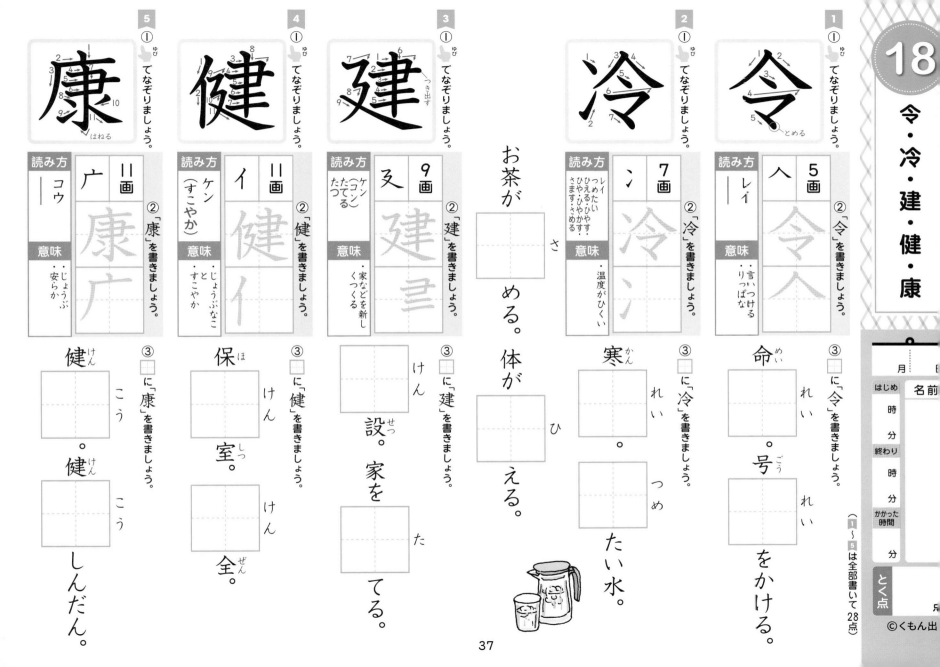

18 令・冷・建・健・康

月　日

名前

はじめ　時　分

終わり　時　分

かかった時間　分

とく点　点

©くもん出版

（1～5は全部書いて28点）

1

① ゆび でなぞりましょう。

令（とめる）

② 「令」を書きましょう。

5画	人
令	人

読み方：レイ

意味：・言いつける　・りっぱな

③ □に「令」を書きましょう。

命《めい》□《れい》。号《ごう》□《れい》をかける。

2

① ゆび でなぞりましょう。

冷

② 「冷」を書きましょう。

7画	冫
冷	冫

読み方：レイ　つめたい　ひえる・ひや・ひやす・ひやかす・さめる・さます

意味：・温度がひくい

③ □に「冷」を書きましょう。

寒《かん》□《れい》。□《つめ》たい水。

お茶が□《さ》める。体が□《ひ》える。

3

① ゆび でなぞりましょう。

建（つき出す）

② 「建」を書きましょう。

9画	廴
建	聿

読み方：ケン　（コン）　たてる　たつ

意味：・家などを新しくつくる

③ □に「建」を書きましょう。

□《けん》設《せつ》。家を□《た》てる。

4

① ゆび でなぞりましょう。

健

② 「健」を書きましょう。

11画	亻
健	亻

読み方：ケン　（すこやか）

意味：・じょうぶなこと　・すこやか

③ □に「健」を書きましょう。

保《ほ》□《けん》室《しつ》。□《けん》全《ぜん》。

5

① ゆび でなぞりましょう。

康（はねる）

② 「康」を書きましょう。

11画	广
康	广

読み方：コウ

意味：・じょうぶ　・安らか

③ □に「康」を書きましょう。

健《けん》□《こう》。健《けん》□《こう》しんだん。

6 ――の漢字の読みがなを書きましょう。（一つ4点）

① 健康（　　）に注意する。

② 犬に命令（　　）する。

③ 冷（　　）たい飲み物。

④ 料理《りょうり》が冷（　　）める。

⑤ 建設（せつ）予定地。

⑥ 家を建（　　）てる。

⑦ 体が冷（　　）える。

⑧ 保健室（ほ　　）で休む。

⑨ 寒冷（　　）な土地。

7 □に漢字を、（　）に送りがなを書きましょう。（一つ4点）

① ジュースが□《ひ》（える）《える》。

② お茶が□《さ》（める）《める》。

③ □《けん》□《こう》的《てき》な生活。

④ 命《めい》□《れい》にしたがう。

⑤ 北国の寒《かん》□《れい》地《ち》。

⑥ 静《しず》かな保《ほ》□《けん》室《しつ》。

⑦ □《つめ》（たい）《たい》水。

⑧ 家を□《た》（てる）《てる》。

⑨ ビルの□《けん》設《せつ》。

©くもん出版

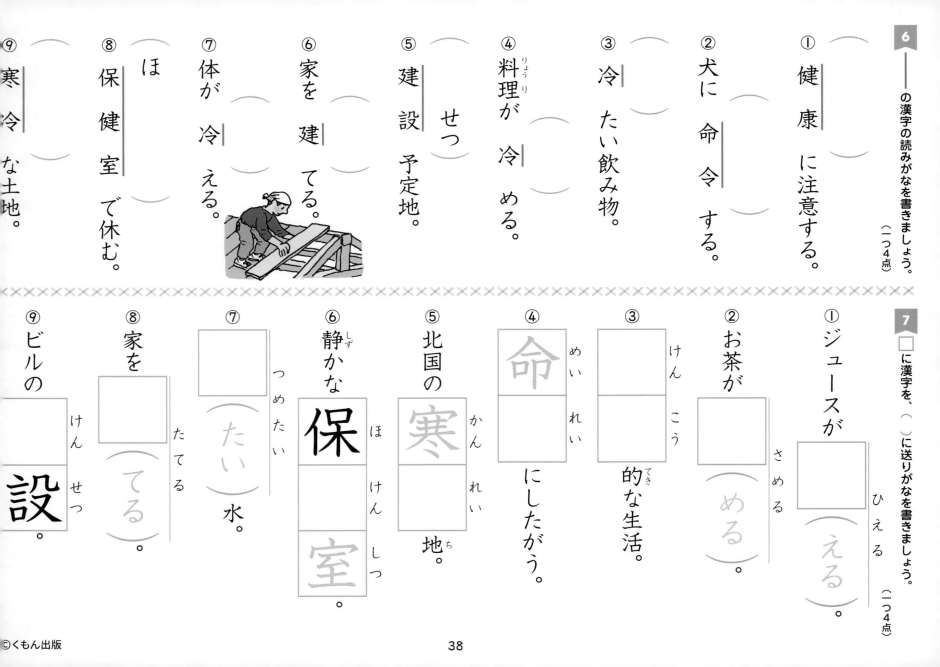

19 労・働・選・挙・訓・課

月 日

はじめ 時 分

終わり 時 分

かかった時間 分

名前

とく点

（1～6は全部書いて20点）

1

① ゆびでなぞりましょう。

労（はねる）

② 「労」を書きましょう。

7画 力

読み方：ロウ —

意味：・はたらく ・はたらいてつかれる

③ □に「労」を書きましょう。

苦《く》□《ろう》。

□《ろう》力《りょく》。（はたらくのにひつような力）

2

① ゆびでなぞりましょう。

働（はねる）

② 「働」を書きましょう。

13画 イ

読み方：ドウ はたらく

意味：・仕事をする

③ □に「働」を書きましょう。

労《ろう》□《どう》。

会社で□《はたら》く。

3

① ゆびでなぞりましょう。

選

② 「選」を書きましょう。

15画 辶

読み方：セン えらぶ

意味：・多くの中からえらび出す

③ □に「選」を書きましょう。

□《せん》手《しゅ》。

代表を□《えら》ぶ。

4

① ゆびでなぞりましょう。

挙（はねる）

② 「挙」を書きましょう。

10画 手

読み方：キョ あげる あがる

意味：・上にあげる ・とりあげる

③ □に「挙」を書きましょう。

選《せん》□《きょ》。

手を□《あ》げる。

5

① ゆびでなぞりましょう。

訓

② 「訓」を書きましょう。

10画 言

読み方：クン —

意味：・教える ・漢字の読み方の一つ

③ □に「訓」を書きましょう。

音《おん》と□《くん》。

□《くん》練《れん》。

6

① ゆびでなぞりましょう。

課

② 「課」を書きましょう。

15画 言

読み方：カ —

意味：・わりあて ・仕事の区分け

③ □に「課」を書きましょう。

□《か》題《だい》。

放《ほう》□《か》後《ご》。

©くもん出

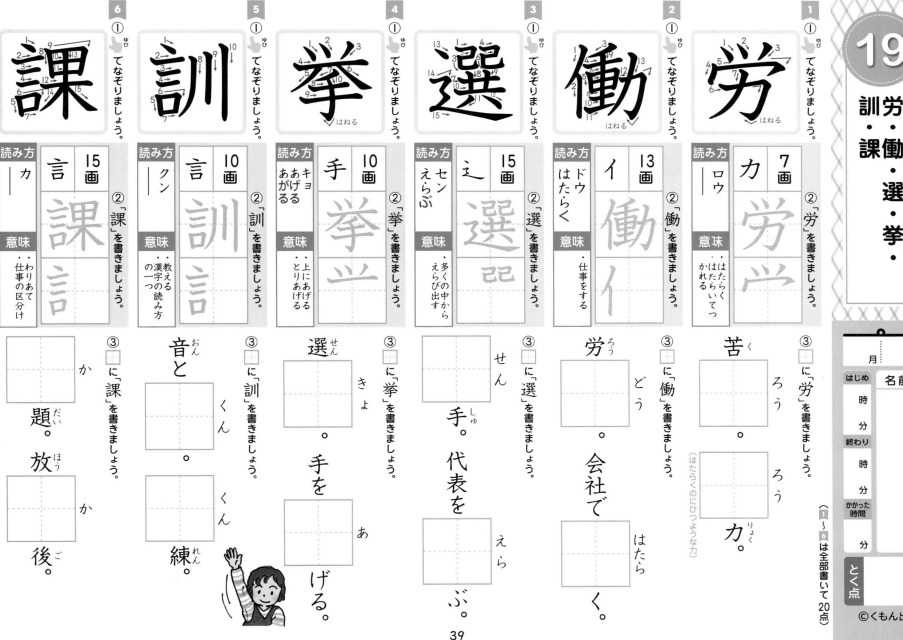

7 ――の漢字の読みがなを書きましょう。（一つ5点）

① 苦労して作る。

② 訓読《よ》みの漢字。

③ 放課後に集まる。

④ 工場で働く。

⑤ 結《けっ》こん式《しき》を挙げる。

⑥ 買う物を選ぶ。

⑦ 一月《ひとつき》の労働時間。

⑧ 委員を選挙する。

8 □に漢字を、（　）に送りがなを書きましょう。（一つ5点）

① 好《す》きな本を□（ぶ）《えらぶ》。

② 父が□（く）《はたらく》会社。

③ 例《れい》を□（げる）《あげる》。

④ 放□後《ほうかご》の教室。

⑤ 重《じゅう》□□《ろうどう》の仕事。

⑥ 国会議《ぎ》員《いん》の□□《せんきょ》。

⑦ 父の苦□《くろう》を知る。

⑧ ひなん□練《くんれん》。

©くもん出版

20 かくにんドリル⑤

★は、読み書きをまちがえやすい漢字です。

月	日
はじめ	時　分
終わり	時　分
かかった時間	分
名前	
とく点	点

©くもん出版

1 ——の漢字の読みがなを書きましょう。（一つ3点）

① けい察《さつ》官の仕事。

② おいしい給食。

③ スープが冷める。

④ 放課後のそうじ。

⑤ 学校の★付近。

⑥ 新しい家が建つ。

⑦ 漢字の訓読《よ》み。

⑧ 健康しんだん。

⑨ 労働時間。

⑩ 選挙を行う。

2 ——の漢字の読みがなを書きましょう。（一つ4点）

①
寒冷な地方。
外の空気が冷たい。

②
試験★管を使う。
ゴムの管を通す。

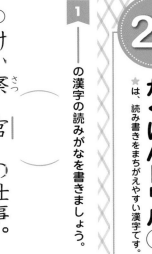

3 □に漢字を書きましょう。（一つ3点）

① ぼうさい□□《くんれん》。

② サッカーの□□《せんしゅ》。

③ □□《くろう》がたえない。

④ 大阪《おおさか》□《ふ》に住む。

⑤ ビルの□《けん》設《せつ》。

⑥ □□《けんこう》な体。

⑦ □□《めいれい》にしたがう。

⑧ □□□《ほうかご》。

4 ――のことばを漢字と送りがなで書きましょう。（一つ5点）

① ジュースがひえる。 □

② 買う品物をえらぶ。 □

③ ボタンをつける。 □

④ 大きな家をたてる。 □

⑤ 結《けっ》こん式《しき》をあげる。 □

⑥ 市役所ではたらく。 □

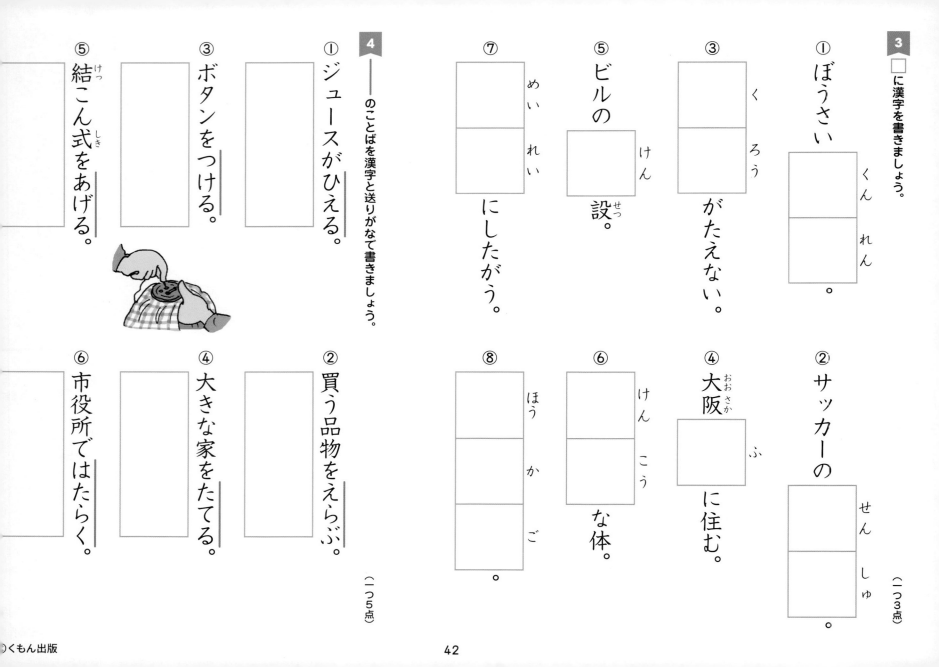

21 松・梅・案・芽・菜

1

① ゆびでなぞりましょう。

松　あける　はねる

② 「松」を書きましょう。

部首	画数	読み方	意味
木	8画	ショウ / まつ	・まつの木

③ □に「松」を書きましょう。

□《しょう》竹《ちく》梅《ばい》。

□《まつ》林《ばやし》。

2

① ゆびでなぞりましょう。

梅　はねる

② 「梅」を書きましょう。

部首	画数	読み方	意味
木	10画	バイ / うめ	・うめの木 ・うめの実

③ □に「梅」を書きましょう。

□《ばい》雨《う》。

□《うめ》の花。

3

① ゆびでなぞりましょう。

案

② 「案」を書きましょう。

部首	画数	読み方	意味
木	10画	アン / —	・考える ・計画

③ □に「案」を書きましょう。

□《あん》内《ない》。

名《めい》□《あん》。

4

① ゆびでなぞりましょう。

芽　はねる

② 「芽」を書きましょう。

部首	画数	読み方	意味
艹	8画	ガ / め	・草や木のめ

③ □に「芽」を書きましょう。

発《はっ》□《が》。

草木の□《め》。

5

① ゆびでなぞりましょう。

菜

② 「菜」を書きましょう。

部首	画数	読み方	意味
艹	11画	サイ / な	・やさい

③ □に「菜」を書きましょう。

野《や》□《さい》。

□《な》の花《はな》。

山《さん》□《さい》をとる。

青《あお》□《な》を食べる。

月　日　名前

はじめ　時　分

終わり　時　分

かかった時間　分

とく点

（1～5は全部書いて28点）

©くもん出版

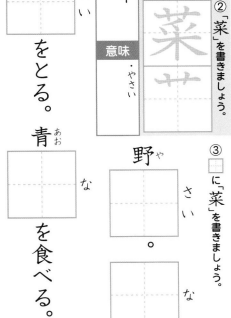

6 ——の漢字の読みがなを書きましょう。（一つ4点）

注意 ここでは「まつたけうめ」でない読み方で書く。

① 松竹梅（　　）の絵。

② 松（　　）の木の林。

③ 梅（　　）ぼしを食べる。

④ 学校を案内（　　）する。

⑤ 草木（　　）の芽（　　）が出る。

⑥ 野菜（　　）のサラダ。

⑦ 大豆の発芽（　　）。

⑧ 黄色い菜（　　）の花《はな》。

⑨ 梅雨（　　）前線。

7 □に漢字を書きましょう。（一つ4点）

① □《うめ》の花がさく。

② □《な》の花畑《はなばたけ》が広がる。

③ 公園の□《あん》内《ない》板《ばん》。

④ 木の□《め》がふくらむ。

⑤ 野《や》□《さい》を食べる。

⑥ □《まつ》たけのかおり。

⑦ □《ばい》雨《う》前線。

⑧ □《しょう》竹《ちく》□《ばい》。

⑨ 発《はつ》□《が》までの日数。

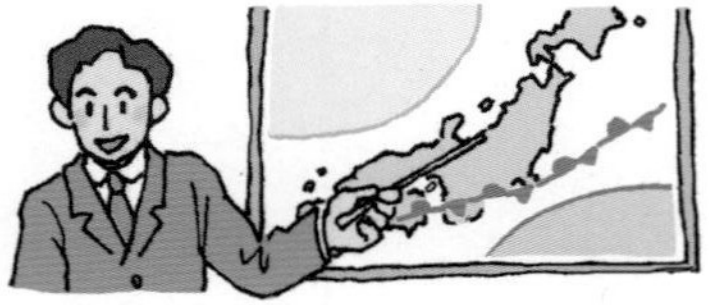

©くもん出版

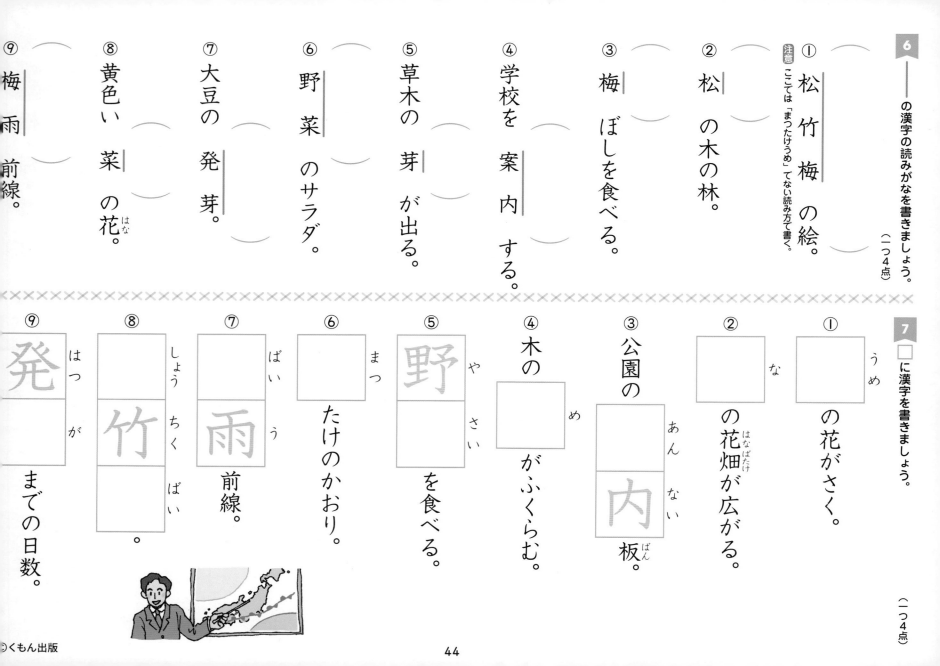

22 衣・兵・軍・隊・戦・争

1

① ゆび でなぞりましょう。

衣 （はらう）

② 「衣」を書きましょう。

衣 6画

読み方 イ （ころも）

意味 ・きもの

③ □に「衣」を書きましょう。

□《い》類《るい》。 □《い》服《ふく》。

2

① ゆび でなぞりましょう。

兵

② 「兵」を書きましょう。

八 7画

読み方 ヘイ ヒョウ —

意味 ・へいたい ・せんそう

③ □に「兵」を書きましょう。

□《へい》隊《たい》。 □《へい》器《き》。 □《ひょう》庫《ご》。

3

① ゆび でなぞりましょう。

軍

② 「軍」を書きましょう。

車 9画

読み方 グン —

意味 ・へいたいの集まり ・せんそう

③ □に「軍」を書きましょう。

□《ぐん》人《じん》。 □《ぐん》手《て》。

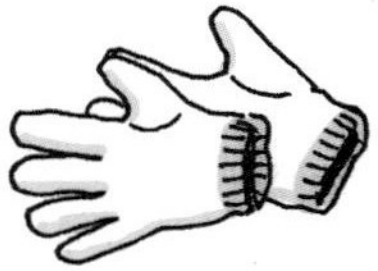

4

① ゆび でなぞりましょう。

隊 （はねる）

② 「隊」を書きましょう。

阝 12画

読み方 タイ —

意味 ・おおぜいの人の集まり ・そろったもの

③ □に「隊」を書きましょう。

軍《ぐん》□《たい》。 □《たい》列《れつ》を組む。

5

① ゆび でなぞりましょう。

戦 （はねる）

② 「戦」を書きましょう。

戈 13画

読み方 セン （いくさ） たたかう

意味 ・たたかう ・たたかい

③ □に「戦」を書きましょう。

作《さく》□《せん》。 てきと□《たたか》う。

6

① ゆび でなぞりましょう。

争 （つき出す）

② 「争」を書きましょう。

亅 6画

読み方 ソウ あらそう

意味 ・あらそう

③ □に「争」を書きましょう。

戦《せん》□《そう》。 先を□《あらそ》う。

（1～6は全部書いて20点）

月 日

名前

はじめ 時 分

終わり 時 分

かかった時間 分

とく点

©くもん出

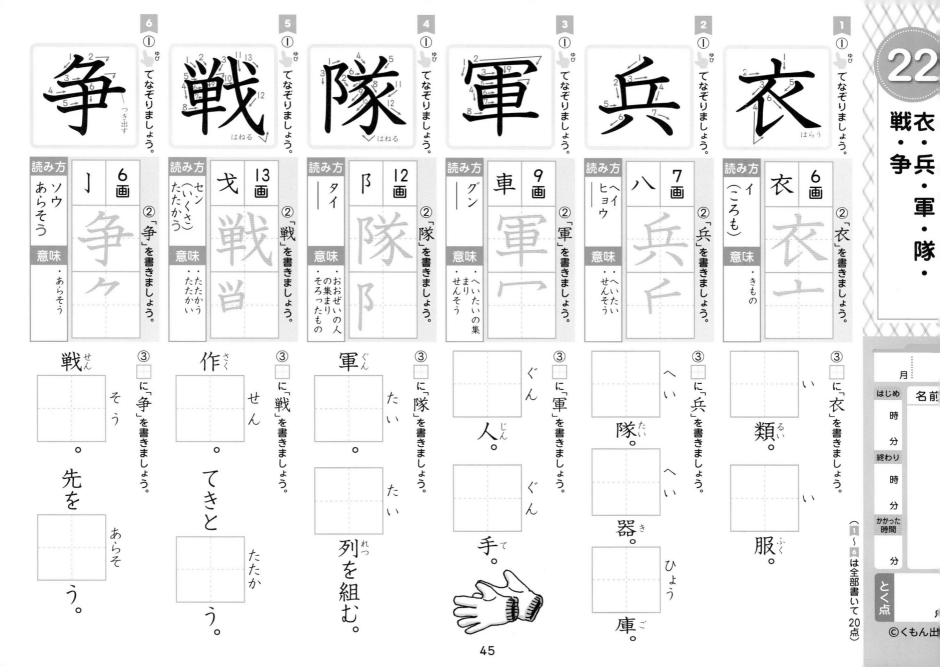

7 ——の漢字の読みがなを書きましょう。（一つ5点）

① 戦争（　　）をしない。

② 兵隊（　　）の行進。

③ 外国の軍隊（　　）。

④ 軍手（　　）をつける。

⑤ 作戦（　　）を立てる。

⑥ 仲間《なかま》と言《い》い争（　　）う。

⑦ 戦（　　）いをいどむ。

⑧ 衣服（　　）を着かえる。

8 □に漢字を、（　）に送りがなを書きましょう。（一つ5点）

① さくせん［作］［　］を練る。

② ぐんたい［　］［　］をひきいる。

③ いふく［　］［服］をかわかす。

④ てきと たたかう［　］（う）。

⑤ 先を あらそう［　］（う）。

⑥ せんそう［　］［　］をやめる。

⑦ たいれつ［　］［列］を組む。

⑧ へいたい［　］［　］の服そう。

©くもん出版

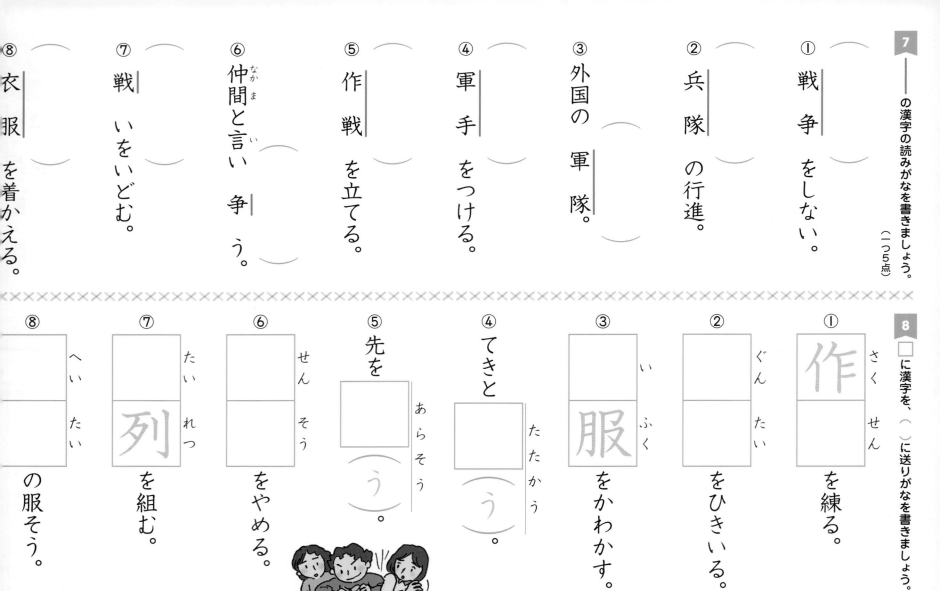

23 位・置・機・械・飛

月　日　名前

はじめ　時　分
終わり　時　分
かかった時間　分

とく点

（1～5は全部書いて20点）

1

① ゆび でなぞりましょう。

位

② 「位」を書きましょう。

部首	画数
イ	7画

読み方：イ、くらい

意味：・おかれたところ ・身分 ・じゅん番 数のくらい

③ □に「位」を書きましょう。

順《じゅん》□《い》。百の□《くらい》。

2

① ゆび でなぞりましょう。

置

② 「置」を書きましょう。

部首	画数
罒	13画

読み方：チ、おく

意味：・ある場所にすえつける

③ □に「置」を書きましょう。

位《い》□《ち》。荷物を□《お》く。

3

① ゆび でなぞりましょう。

機

② 「機」を書きましょう。

部首	画数
木	16画

読み方：キ、（はた）

意味：・しかけ ・とき

③ □に「機」を書きましょう。

□《き》会《かい》。□《き》関《かん》車《しゃ》。

4

① ゆび でなぞりましょう。

械

② 「械」を書きましょう。

部首	画数
木	11画

読み方：カイ、―

意味：・しかけ ・そうち ・道具

③ □に「械」を書きましょう。

機《き》□《かい》。器《き》□《かい》体そう。

5

① ゆび でなぞりましょう。

飛

② 「飛」を書きましょう。

部首	画数
飛	9画

読み方：ヒ、とぶ、とばす

意味：・空をとぶ ・とびこえる ・急いで行く

③ □に「飛」を書きましょう。

□《ひ》行《こう》機《き》。□《ひ》行《こう》船《せん》。空を□《と》ぶ。ちょうが□《と》び回る。

©くもん出版

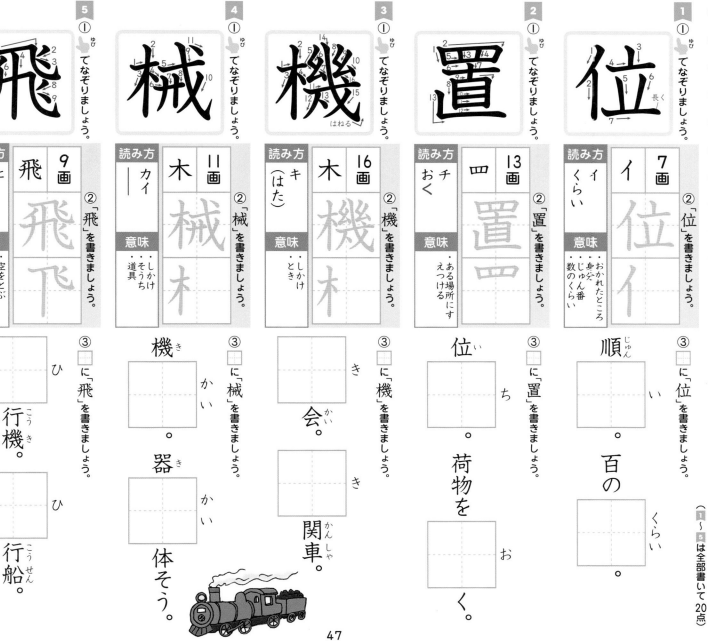

6 ―の漢字の読みがなを書きましょう。（一つ5点）

① つくえに本を置く。（　）

② 飛行機。（　）

③ テーブルの位置。（　）

④ 器械体そう。（き）

⑤ 百の位まで計算する。（　）

⑥ 会う機会がある。（　）

⑦ 工場の機械。（　）

⑧ 小さな虫が飛ぶ。（　）

7 □に漢字を書きましょう。（一つ5点）

① 一の［　］（くらい）の数。

② 家具の［　］［　］（いち）を変《か》える。

③ いすにかばんを［　］（お）く。

④ 鳥が空を［　］（と）ぶ。

⑤ ［器］［　］（きかい）体そうの選手《せんしゅ》。

⑥ ［　］［　］（きかい）化《か》が進む。

⑦ ［　］［行］［　］（ひこうき）に乗る。

⑧ 話す［　］［会］（きかい）をもつ。

©くもん出版

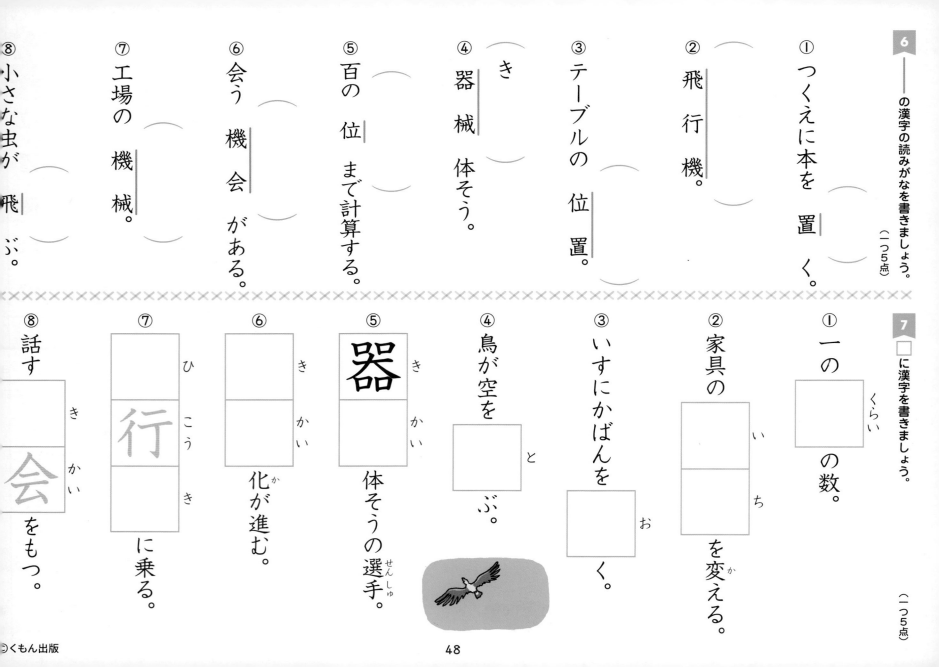

24 かくにんドリル⑥

©くもん出版

月　日

名前

はじめ　時　分

終わり　時　分

かかった時間　分

とく点　点

1 ――の漢字の読みがなを書きましょう。（一つ2点）

①兵隊（　）の服そう。

②軍手（　）をつける。

③作戦（　）を立てる。

④飛行機（　）に乗る。

⑤いすの位置（　）。

⑥学校を案内（　）する。

2 ――の漢字の読みがなを書きましょう。（一つ4点）

①野菜（　）サラダ。
　菜（　）の花《はな》がさく。

②松竹梅（　）の絵。
　注意 ここでは「まつたけうめ」でない読み方で書く。
　松（　）の木を見上げる。

③梅雨（　）前線。
　梅（　）の花がさく。

④発芽（　）の様子。
　小さな芽（　）が出る。

3 □に漢字を書きましょう。（一つ4点）

① □□《ぐんたい》の訓《くん》練《れん》。

② 市内を□□《あんない》する。

③ 工場の□□《きかい》。

④ □□《やさい》の料理《りょうり》。

⑤ □□《せんそう》と平和。

⑥ □□《いふく》を着かえる。

⑦ □□《へいたい》の行進。

⑧ 米の□□《はつが》。

⑨ すっぱい□《うめ》ぼし。

⑩ 十の□《くらい》の数。

⑪ 人形を□《お》く。

⑫ 鳥が□《と》ぶ。

4 ――のことばを漢字と送りがなで書きましょう。（一つ4点）

① 相手とたたかう。 □

② 一位《いちい》をあらそう。 □

©くもん出版

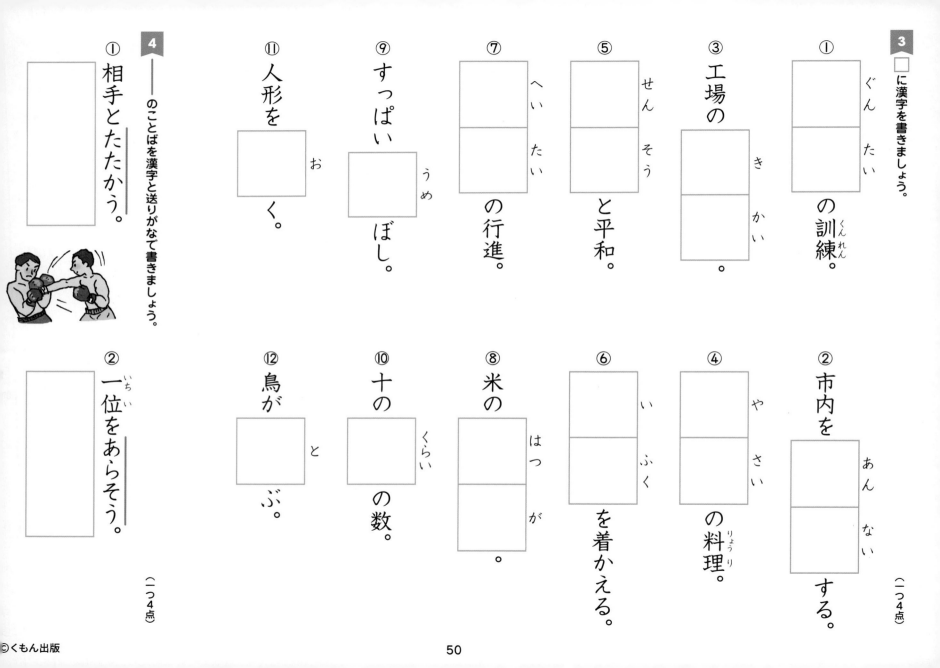

25 例・信・候・借・側

月　日

はじめ　時　分
終わり　時　分
かかった時間　分

名前

とく点　点

©くもん出版

（1～5は全部書いて20点）

1

① ゆび でなぞりましょう。

例（はらう）

読み方	画数
レイ／たとえる	イ　8画

意味
・ほかのことを引き合いに出す
・同じようなもののなかま

② 「例」を書きましょう。

③ □に「例」を書きましょう。

れい□を挙《あ》げる。

れい□題《だい》。

たと□えばケーキが好《す》きです。

たと□えばの話。

2

① ゆび でなぞりましょう。

信

読み方	画数
シン／―	イ　9画

意味
・しんじる
・うたがわない
・合図

② 「信」を書きましょう。

③ □に「信」を書きましょう。

しん□号《ごう》。

自《じ》しん□がある。

3

① ゆび でなぞりましょう。

候

読み方	画数
コウ（そうろう）	イ　10画

意味
・ものごとのきざし
・待ちのぞむ

② 「候」を書きましょう。

③ □に「候」を書きましょう。

天《てん》こう□。

温だんな気《き》こう□。

4

① ゆび でなぞりましょう。

借（長く）

読み方	画数
シャク／かりる	イ　10画

意味
・かりる

② 「借」を書きましょう。

③ □に「借」を書きましょう。

しゃく□用《よう》。

本をか□りる。

5

① ゆび でなぞりましょう。

側（はねる）

読み方	画数
ソク／がわ	イ　11画

意味
・そば
・よこ
・一方
・わき

② 「側」を書きましょう。

③ □に「側」を書きましょう。

そく□面《めん》。

門の右《みぎ》がわ□。

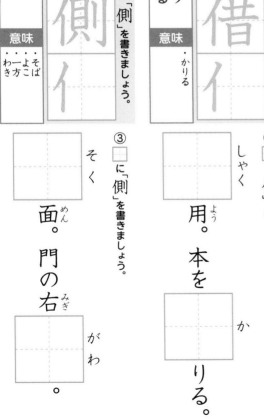

6 ――の漢字の読みがなを書きましょう。（一つ5点）

①（　　）天候が変化《へんか》する。

②（　　）右側を歩く。

③（　　）自信がある。

④ 辞書《じしょ》を（　　）借用する。

⑤ 図書館で本を（　　）借りる。

⑥ 建物《たてもの》の（　　）側面。

⑦ 具体的《ぐたいてき》な（　　）例を挙《あ》げる。

⑧（　　）例えば本が好《す》き。

7 □に漢字を、（　）に送りがなを書きましょう。（一つ5点）

① えん筆を□（りる）。　かりる

② □（えば）の話をする。　たとえば

③ 自□をもつ。　じしん

④ 天□が悪くなる。　てんこう

⑤ 勝手に□用する。　しゃくよう

⑥ □を挙《あ》げて話す。　れい

⑦ ビルの□面。　そくめん

⑧ 道の右□。　みぎがわ

©くもん出版

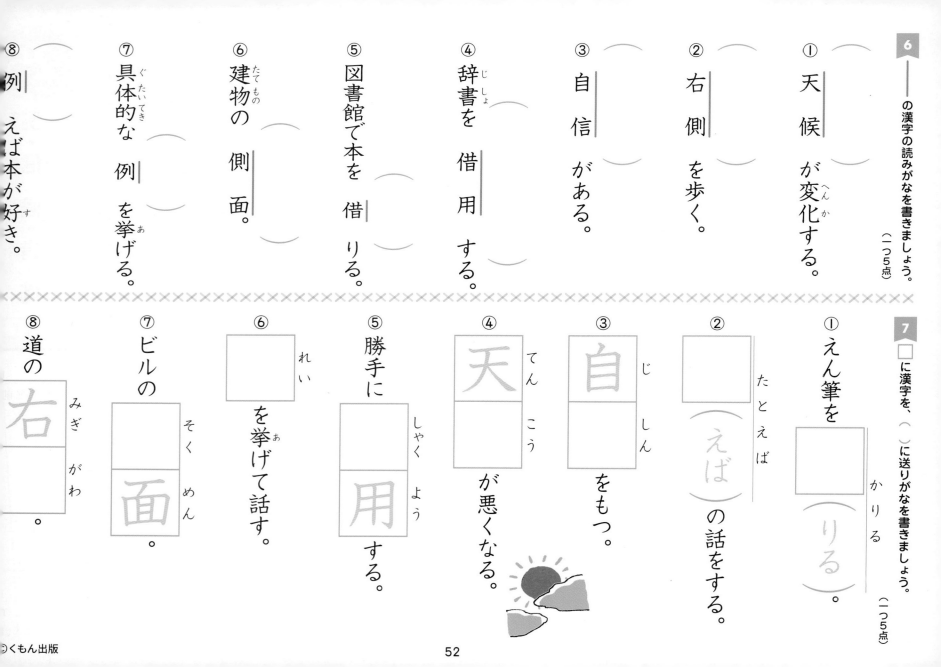

26 径・徒・徳・老・児・孫

（1～6は全部書いて28点）

月	日
はじめ	時 分
終わり	時 分
かかった時間	分
名前	
とく点	点

©くもん出版

1

① ゆびでなぞりましょう。

径

② 「径」を書きましょう。

彳	8画

読み方：ケイ

意味：
- 円や球のさしわたし
- 細い道

③ □に「径」を書きましょう。

円の直《ちょっ》□《けい》。半《はん》□《けい》。

2

① ゆびでなぞりましょう。

徒

② 「徒」を書きましょう。

彳	10画

読み方：ト

意味：
- 歩いていく
- でし

③ □に「徒」を書きましょう。

全校生《せい》□《と》。□《と》歩《ほ》。

3

① ゆびでなぞりましょう。

徳（はねる）

② 「徳」を書きましょう。

彳	14画

読み方：トク

意味：
- りっぱな行い
- もうけ

③ □に「徳」を書きましょう。

道《どう》□《とく》。□《とく》島《しま》県《けん》。

4

① ゆびでなぞりましょう。

老（はねる）

② 「老」を書きましょう。

耂	6画

読み方：ロウ　おいる（ふける）

意味：
- 年をとる、年をとった人

③ □に「老」を書きましょう。

□《ろう》人《じん》。年《とし》□《お》いる。

5

① ゆびでなぞりましょう。

児（はねる）

② 「児」を書きましょう。

儿	7画

読み方：ジ（ニ）

意味：
- 子ども

③ □に「児」を書きましょう。

□《じ》童《どう》。育《いく》□《じ》。

6

① ゆびでなぞりましょう。

孫（右上へ）

② 「孫」を書きましょう。

子	10画

読み方：ソン　まご

意味：
- まご
- 血すじをひく者

③ □に「孫」を書きましょう。

子《し》□《そん》。□《まご》の顔。

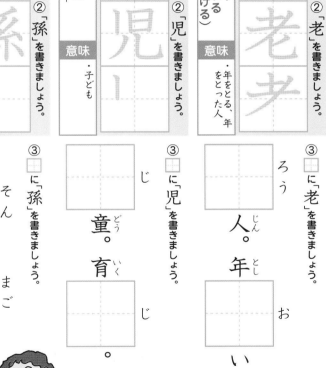

7 ――の漢字の読みがなを書きましょう。（一つ4点）

① 道徳の時間。

② 年《とし》老いた犬。

③ 老人とその孫。

④ 円の直径をはかる。

⑤ 徳島県《けん》の産業《さんぎょう》。

⑥ 三代目の子孫。

⑦ 生徒で話し合う。

⑧ 児童の集まり。

8 □に漢字を書きましょう。（一つ4点）

① 中学生の生《せい》□《と》。

② 円の直《ちょっ》□《けい》。

③ □《じ》童《どう》会《かい》の行事。

④ 子《し》□《そん》を残《のこ》す。

⑤ 年《とし》□《お》いた人。

⑥ 四《し》国《こく》の□《とく》島《しま》県《けん》。

⑦ 道《どう》□《とく》心《しん》を養《やしな》う。

⑧ □《ろう》人《じん》と□《まご》。

©くもん出版

27 栄・養・不・議・省

月　日
名前
はじめ　時　分
終わり　時　分
かかった時間　分
とく点

（1〜5は全部書いて20点）

©くもん出

1

① ゆび でなぞりましょう。

栄

9画	木

読み方：エイ　さかえる　（はえ）（はえる）

意味：・さかんになる　・めいよ

② 「栄」を書きましょう。

③ □に「栄」を書きましょう。

□《えい》光《こう》。
町が□《さか》える。

2

① ゆび でなぞりましょう。

養

15画	食

読み方：ヨウ　やしなう

意味：・食べ物で体に力をつける　・やしない、育てる

② 「養」を書きましょう。

③ □に「養」を書きましょう。

栄《えい》□《よう》。
家族を□《やしな》う。

3

① ゆび でなぞりましょう。

不

4画	一

読み方：フ　ブ

意味：・〜ない　・〜でない　・〜しない

② 「不」を書きましょう。

③ □に「不」を書きましょう。

□《ふ》安《あん》。
□《ぶ》格《かっ》好《こう》。

4

① ゆび でなぞりましょう。

議

20画	言

読み方：ギ

意味：・話し合う　・相談する　・考え、意見

② 「議」を書きましょう。

③ □に「議」を書きましょう。

不《ふ》思《し》□《ぎ》。
会《かい》□《ぎ》。

5

① ゆび でなぞりましょう。

省

9画	目

読み方：セイ　ショウ　（かえりみる）　はぶく

意味：・ふり返って考える　・はぶく　・役所

② 「省」を書きましょう。

③ □に「省」を書きましょう。

反《はん》□《せい》。
□《しょう》略《りゃく》する。
むだを□《はぶ》く。
説《せつ》明《めい》を□《はぶ》く。

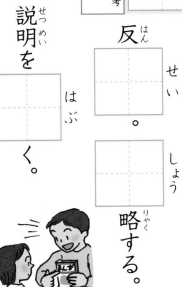

6 ――の漢字の読みがなを書きましょう。（一つ5点）

① 栄養（　　）が多い食べ物。

② 深く反省（　　）する。

③ 不思議（　　）な話。

④ 国が栄（　　）える。

⑤ 子どもを養（　　）う。

⑥ 説明《せつめい》を省（　　）く。

⑦ 一部、省略（りゃく）する。

⑧ 不格好（かっ　　）なすがた。

7 □に漢字を、（　）に送りがなを書きましょう。（一つ5点）

① □思□《ふしぎ》に思う。

② □格好《ぶかっこう》な形。

③ むだを□（く）《はぶく》。

④ 家族を□（う）《やしなう》父。

⑤ 町が□（える）《さかえる》。

⑥ □□《えいよう》をとる。

⑦ 深く反□《はんせい》する。

⑧ 文を□略《しょうりゃく》する。

©くもん出版

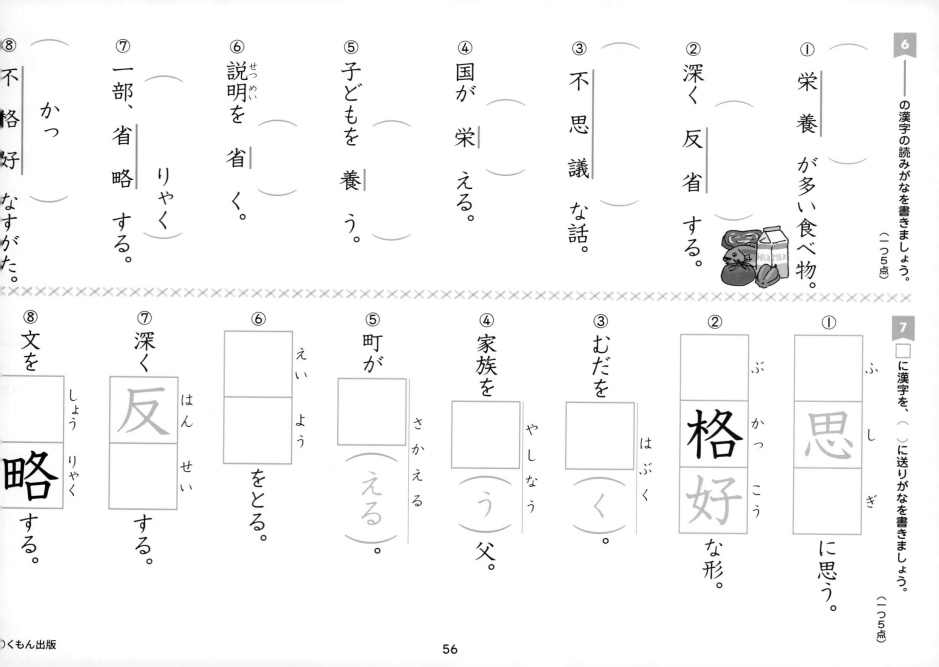

28 かくにんドリル⑦

月　日

はじめ　時　分

終わり　時　分

かかった時間　分

名前

とく点　点

©くもん出版

1 ——の漢字の読みがなを書きましょう。（一つ2点）

① 栄養（　）をとる。

② 不思議（　）に思う。

③ 天候（　）にめぐまれる。

④ 反省（　）をする。

⑤ 一つの例（　）。

⑥ 借用（　）する。

⑦ 老人（　）。

2 ——の漢字の読みがなを書きましょう。（一つ3点）

① 子孫（　）が栄《さか》える。
孫（　）と遊ぶ。

② 文を省（　）略《りゃく》する。
説明《せつめい》を省（　）く。

③ ビルの側面（　）。
ろう下の右側（　）を歩く。

3 □に漢字を書きましょう。（一つ4点）

① □《ぶ》格好《かっこう》な洋服。

② □□《とくしま》県《けん》の名産《めいさん》。

③ 中学校の□□《せいと》。

④ 円の□□《ちょっけい》。

⑤ □□《じしん》に満《み》ちた顔。

⑥ 建物《たてもの》の□□《そくめん》。

⑦ 温だんな□□《きこう》。

⑧ □□□《ふしぎ》な話。

⑨ □□《じどう》会《かい》の役員。

⑩ 年《とし》□《お》いた犬。

4 ――のことばを漢字と送りがなで書きましょう。（一つ7点）

① たとえば、歌を歌う。 □

② 姉の服をかりる。 □

③ 子どもをやしなう。 □

④ 町がさかえる。 □

©くもん出版

29 夫・失・敗・連・続

（1～5は全部書いて28点）

1

① ゆびでなぞりましょう。

夫

読み方	大	4画
フ（フウ） おっと	夫	二
意味 ・けっこんしている男女の男のほう		

② 「夫」を書きましょう。

③ □に「夫」を書きましょう。

ふ□人《じん》。（人のつまをうやまって言うことば）

つまと おっと□。

2

① ゆびでなぞりましょう。

失

読み方	大	5画
シツ うしなう	失	𠂉
意味 ・なくす ・あやまち		

② 「失」を書きましょう。

③ □に「失」を書きましょう。

しっ□敗《ぱい》。

気を うしな□う。

3

① ゆびでなぞりましょう。

敗

読み方	攵	11画
ハイ やぶれる	敗	貝
意味 ・たたかいにまける ・やりそこなう		

② 「敗」を書きましょう。

③ □に「敗」を書きましょう。

勝《しょう》はい□。

戦《たたか》いに やぶ□れる。

4

① ゆびでなぞりましょう。

連

読み方	辶	10画
レン つらなる つらねる つれる	連	亘
意味 ・つらねる ・ひきつづいて ・ひきつれる		

② 「連」を書きましょう。

③ □に「連」を書きましょう。

れん□休《きゅう》。

山が つら□なる。

犬を つ□れて散《さん》歩《ぽ》に出かける。

5

① ゆびでなぞりましょう。

続

読み方	糸	13画
ゾク つづく つづける	続	糸
意味 ・つづく ・あとにつながる部分		

② 「続」を書きましょう。

③ □に「続」を書きましょう。

連《れん》ぞく□。

雨の日が つづ□く。

月	日	名前
はじめ	時 分	
終わり	時 分	
かかった時間	分	
とく点		

©くもん出

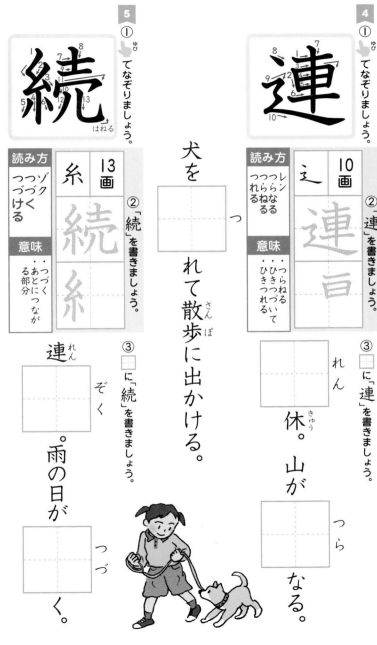

6 ——の漢字の読みがなを書きましょう。（一つ4点）

① 社長　夫人。（　　）

② 何度も　失敗　する。（　　）

③ 気を　失　う。（　　）

④ 行列が　続　く。（　　）

⑤ 高い山が　連　なる。（　　）

⑥ 選挙《せんきょ》に　敗　れる。（　　）

⑦ 人気の　連続　ドラマ。（　　）

⑧ 夫　と（　　）　連　れ立《だ》つ。（　　）

7 □に漢字を、（　）に送りがなを書きましょう。（一つ4点）

① □□（れんぞく）して写真をとる。

② キュリー□人（ふじん）。

③ 実験《じっけん》の□□（しっぱい）。

④ □（おっと）と□（つ）れ立《だ》つ。

⑤ 晴れの日が□（く）（つづく）。

⑥ 車が□（なる）（つらなる）。

⑦ 試合《しあい》に□（れる）（やぶれる）。

⑧ 話す機会《きかい》を□（う）（うしなう）。

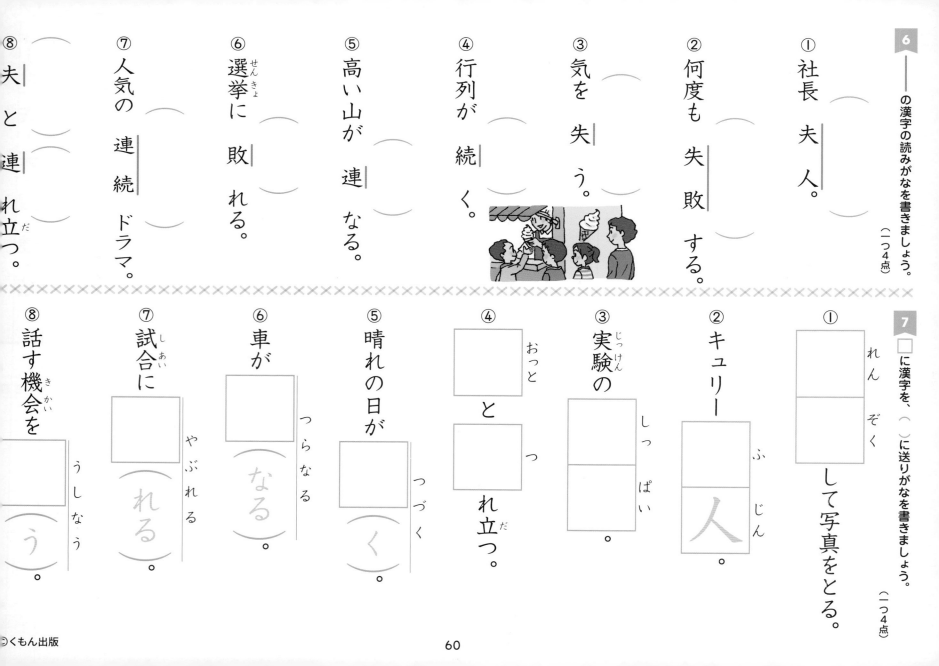

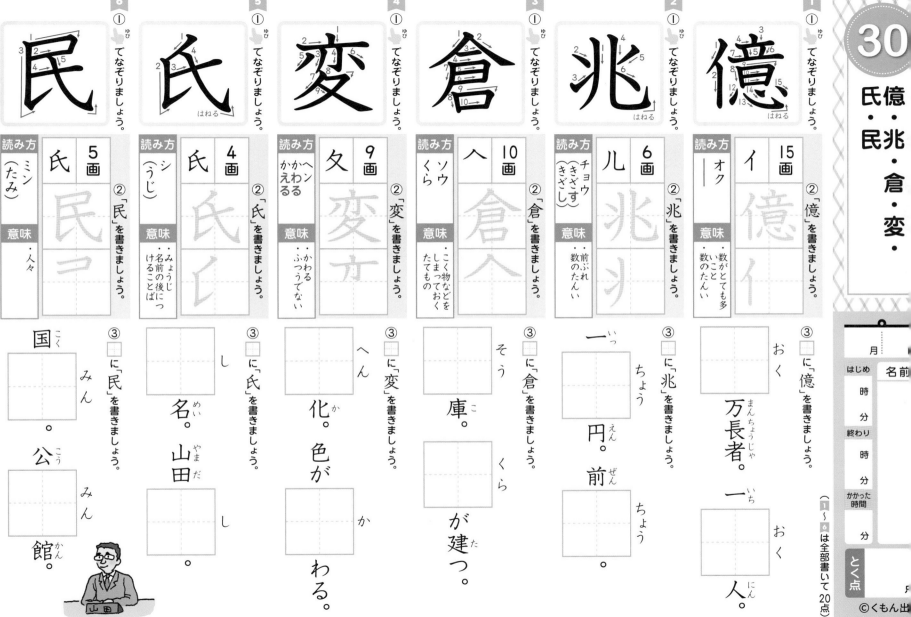

30 億・兆・倉・変・氏・民

（1～6は全部書いて20点）

1
① ゆびでなぞりましょう。

億 はねる

② 「億」を書きましょう。

亻	15画

読み方：オク ―
意味：・数がとても多いこと ・数のたんい

③ □に「億」を書きましょう。

おく□万長者《まんちょうじゃ》。一《いち》おく□人《にん》。

2
① ゆびでなぞりましょう。

兆 はねる

② 「兆」を書きましょう。

儿	6画

読み方：チョウ （きざす）（きざし）
意味：・前ぶれ ・数のたんい

③ □に「兆」を書きましょう。

一《いっ》ちょう□円《えん》。前《ぜん》ちょう□。

3
① ゆびでなぞりましょう。

倉

② 「倉」を書きましょう。

𠆢	10画

読み方：ソウ くら
意味：・こく物などをしまっておくたてもの

③ □に「倉」を書きましょう。

そう□庫《こ》。くら□が建《た》つ。

4
① ゆびでなぞりましょう。

変

② 「変」を書きましょう。

夂	9画

読み方：ヘン かわる かえる
意味：・かわる ・ふつうでない

③ □に「変」を書きましょう。

へん□化《か》。色がか□わる。

5
① ゆびでなぞりましょう。

氏 はねる

② 「氏」を書きましょう。

氏	4画

読み方：シ （うじ）
意味：・みょうじ ・名前の後につけることば

③ □に「氏」を書きましょう。

し□名《めい》。山田《やまだ》し□。

6
① ゆびでなぞりましょう。

民

② 「民」を書きましょう。

氏	5画

読み方：ミン （たみ）
意味：・人々

③ □に「民」を書きましょう。

国《こく》みん□。公《こう》みん□館《かん》。

月　日

はじめ　時　分
終わり　時　分
かかった時間　分
名前
とく点　点

©くもん出版

7 ――の漢字の読みがなを書きましょう。（一つ5点）

① 氏名（　　）を書く。

② 倉庫（　　）から箱を出す。

③ 億万（　　）長者《ちょうじゃ》になる話。

④ 大きな倉（　　）。

⑤ 地しんの前兆（　　）。

⑥ 気持ちの変化（　　）。

⑦ 市の公民館（　　）。

⑧ 信号《しんごう》が青に変（　　）わる。

8 □に漢字を、（　）に送りがなを書きましょう。（一つ5点）

① 公□館《こうみんかん》に入る。

② 天気が□（わる）《かわる》。

③ 気《き》候《こう》の□化《へんか》。

④ □名《しめい》を読みあげる。

⑤ 工場の□庫《そうこ》。

⑥ 台風の前□《ぜんちょう》。

⑦ 五《ご》□《おく》円《えん》の予算。

⑧ □《くら》に道具をしまう。

©くもん出版

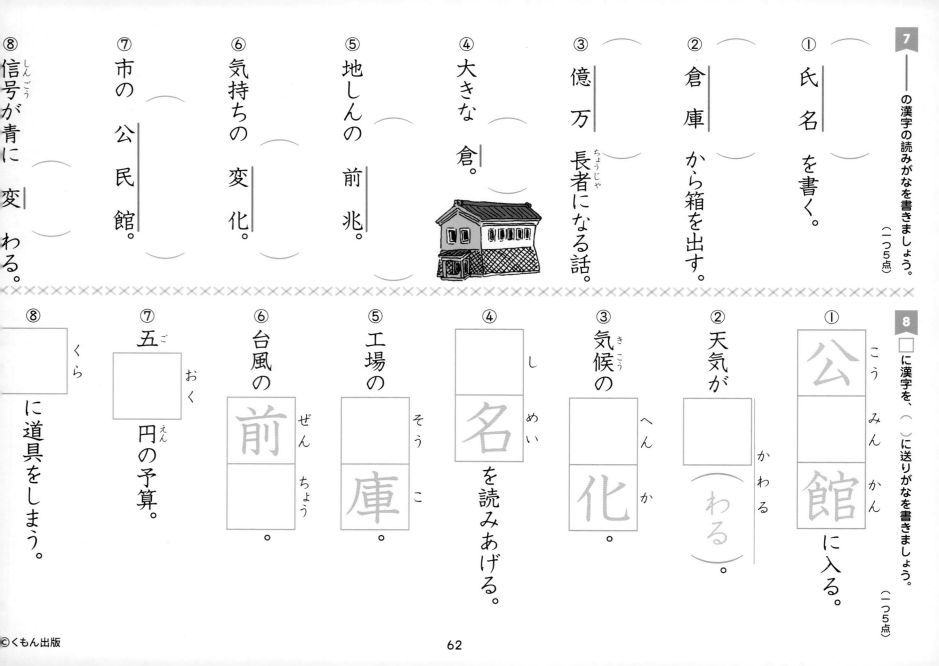

31 低・底・単・巣・票・標

月　日　名前

はじめ　時　分
終わり　時　分
かかった時間　分
とく点　点

（1～6は全部書いて20点）

1

①ゆびでなぞりましょう。

低（はねる）

②「低」を書きましょう。

7画　イ

読み方：テイ　ひく・い　ひく・まる　ひく・める

意味：・ひくい　・下である　・さがる、さげる

③□に「低」を書きましょう。

□《てい》学年《がくねん》。

□《ひく》い山。

2

①ゆびでなぞりましょう。

底

②「底」を書きましょう。

8画　广

読み方：テイ　そこ

意味：・もののいちばん下　・そこ

③□に「底」を書きましょう。

海《かい》□《てい》。

びんの□《そこ》。

3

①ゆびでなぞりましょう。

単

②「単」を書きましょう。

9画　⺍

読み方：タン

意味：・ただひとつ　・ひとまとまり　・へん化がない

③□に「単」を書きましょう。

長さの□《たん》位《い》。

かん□《たん》。

4

①ゆびでなぞりましょう。

巣

②「巣」を書きましょう。

11画　⺍

読み方：す　（ソウ）

意味：・鳥、虫、魚などのすみか

③□に「巣」を書きましょう。

□《す》箱《ばこ》。

くもの□《す》。

5

①ゆびでなぞりましょう。

票（はねる）

②「票」を書きましょう。

11画　示

読み方：ヒョウ

意味：・せんきょのときの紙のふだ　・ふだ

③□に「票」を書きましょう。

投《とう》□《ひょう》。

開《かい》□《ひょう》。

6

①ゆびでなぞりましょう。

標（はねる）

②「標」を書きましょう。

15画　木

読み方：ヒョウ

意味：・目あて　・目じるし

③□に「標」を書きましょう。

目《もく》□《ひょう》。

草花の□《ひょう》本《ほん》。

©くもん出版

7 ——の漢字の読みがなを書きましょう。（一つ5点）

① 今年《ことし》の目標。（　　）

② 選挙《せんきょ》の投票用紙。（　　）

③ 身長の低い順《じゅん》。（　　）

④ 海底にしずむ。（　　）

⑤ 鳥の巣箱。（　　）

⑥ 重さの単位。（　　）

⑦ びんの底をのぞく。（　　）

⑧ 低学年の教室。（　　）

8 □に漢字を、（　）に送りがなを書きましょう。（一つ5点）

① 気温が□《ひく》（い）。

② 投《とう》□《ひょう》の結果《けっか》が出る。

③ 海の□《そこ》の様子。

④ □《てい》学《がく》年《ねん》の妹。

⑤ 長さの□《たん》位《い》。

⑥ 海《かい》□《てい》を調べる。

⑦ 目《もく》□《ひょう》を立てる。

⑧ 鳥の□《す》箱《ばこ》を作る。

©くもん出版

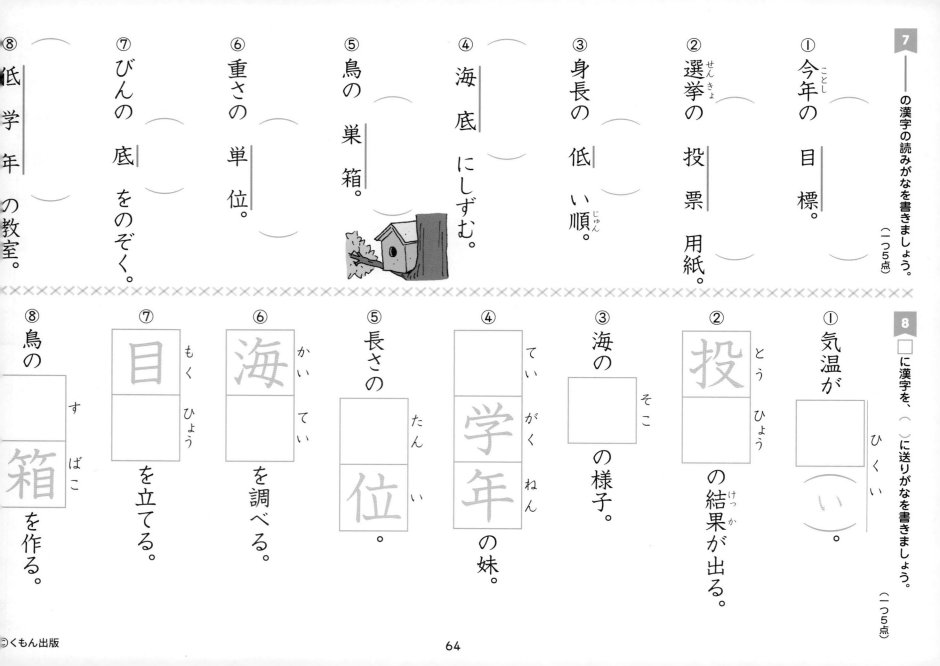

32 かくにんドリル⑧

月　日

はじめ　時　分

終わり　時　分

かかった時間　分

名前

とく点　点

©くもん出

1 ―の漢字の読みがなを書きましょう。（一つ4点）

① 犬を連れて歩く。

② 台風の前兆。

③ 気《き》候《こう》の変化。

④ 低学年の教室。

⑤ 標本を作る。

⑥ 町の公民館。

2 ―の漢字の読みがなを書きましょう。（一つ3点）

①
社長夫人。
つまと夫。

②
試《し》合《あい》の勝敗。
てきに敗れる。

③
海底へもぐる。
びんの底をたたく。

④
体育館の倉庫。
倉の中にしまう。

3 □に漢字を書きましょう。（一つ4点）

① 大きな□□《しっぱい》。

② □□《れんぞく》ドラマ。

③ 人口一《いち》□《おく》人《にん》。

④ 選挙《せんきょ》の□□《とうひょう》。

⑤ □□《もくひょう》を達成《たっせい》する。

⑥ つばめの□《す》。

⑦ 住所と□□《しめい》。

⑧ 重さの□□《たんい》。

4 ――のことばを漢字と送りがなで書きましょう。（一つ4点）

① 山の天気が<u>かわる</u>。　□

② 弟は身長が<u>ひくい</u>。　□

③ 大切なものを<u>うしなう</u>。　□

④ 高い山が<u>つらなる</u>。　□

⑤ ドラマが<u>つづく</u>。　□

©くもん出版

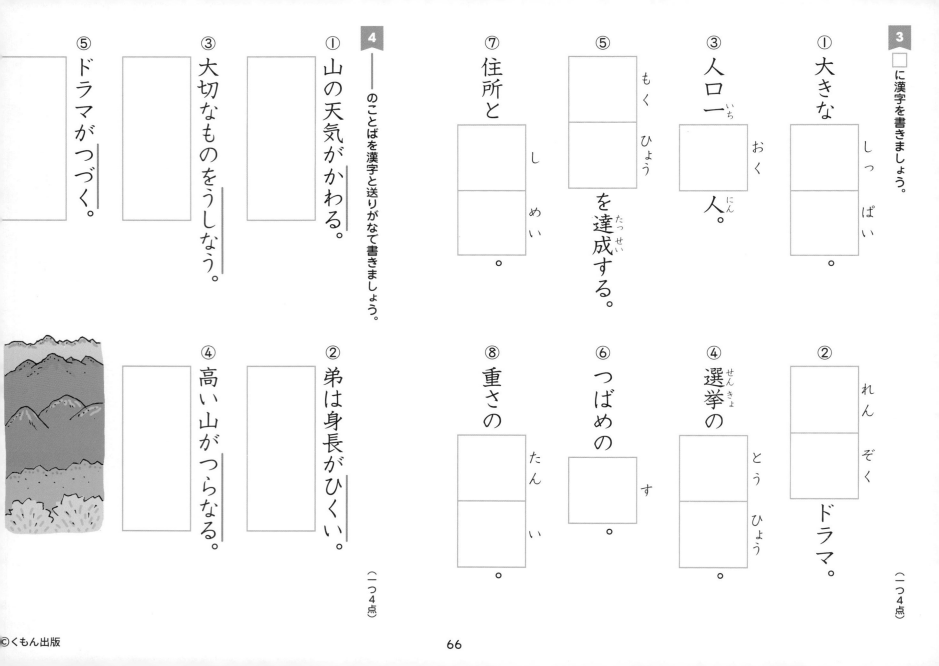

33

種・類・観・察・害・富

（1〜6は全部書いて28点）

月　日　名前

はじめ　時　分

終わり　時　分

かかった時間　分

とく点　点

©くもん出版

1

① 指《ゆび》でなぞりましょう。

② 「種」を書きましょう。

禾	14画

読み方：シュ　たね

意味：・植物のたね　・なかま

③ □に「種」を書きましょう。

□《しゅ》類《るい》。朝顔の□《たね》。

2

① 指《ゆび》でなぞりましょう。

② 「類」を書きましょう。

頁	18画

読み方：ルイ　たぐい

意味：・同じようなもののなかま　・にている

③ □に「類」を書きましょう。

分《ぶん》□《るい》。めんの□《たぐ》い。（同じしゅるいのもの）

3

① 指《ゆび》でなぞりましょう。

② 「観」を書きましょう。

見	18画

読み方：カン　—

意味：・よく見る　・ながめ　・ものの見方

③ □に「観」を書きましょう。

□《かん》客《きゃく》。□《かん》光《こう》地《ち》。

4

① 指《ゆび》でなぞりましょう。

② 「察」を書きましょう。

宀	14画

読み方：サツ　—

意味：・よく見る　・調べる　・思いやる

③ □に「察」を書きましょう。

観《かん》□《さつ》。けい□《さつ》官《かん》。

5

① 指《ゆび》でなぞりましょう。

② 「害」を書きましょう。

宀	10画

読み方：ガイ　—

意味：・こわす　・わざわい

③ □に「害」を書きましょう。

□《がい》虫《ちゅう》。公《こう》□《がい》問題。

6

① 指《ゆび》でなぞりましょう。

② 「富」を書きましょう。

宀	12画

読み方：フ（フウ）　とむ・とみ

意味：・金や物がたくさんある　・ゆたか

③ □に「富」を書きましょう。

豊《ほう》□《ふ》。□《とみ》。富《と》山《やま》県《けん》。

※「とやま」はとくべつな読み。

7 ——の漢字の読みがなを書きましょう。（一つ4点）

① 害虫をころす。

② 観光地をおとずれる。

③ 朝顔の種をとる。

④ 植物を分類する。

⑤ 花の種類が多い。

⑥ 豊《ほう》富なしげん。

⑦ 観察記《き》録《ろく》をつける。

⑧ 類いまれな出来事。

⑨ 富と名声。

8 □に漢字を書きましょう。（一つ4点）

① 同じ形に分□《ぶんるい》する。

② 魚の□□《しゅるい》を調べる。

③ 有名な□光地《かんこうち》。

④ □山《とやま》県《けん》の黒部《くろべ》ダム。

⑤ 小動物の□《たぐい》（い）。

⑥ こん虫を□□《かんさつ》する。

⑦ 公□《こうがい》が起こる。

⑧ 豊《ほう》□《ふ》な知《ち》識《しき》。

⑨ 花の□《たね》をまく。

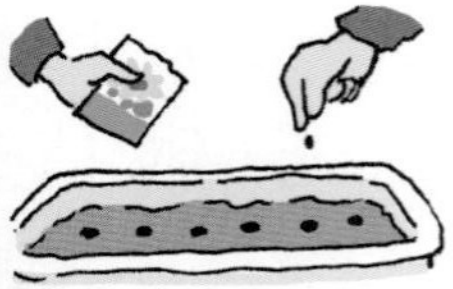

©くもん出版

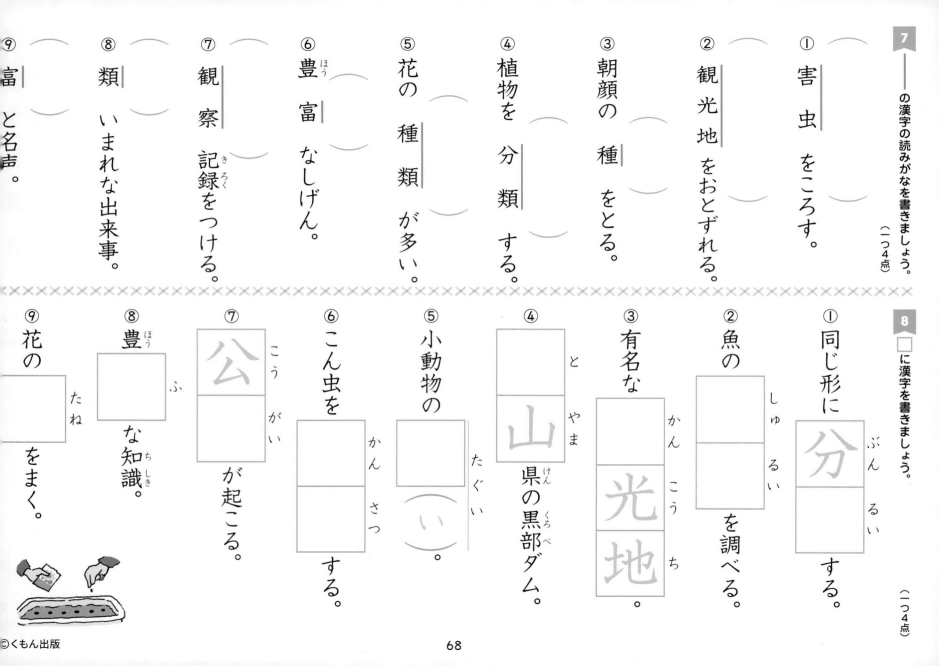

34 積・極・的・浅・残・念

★は、読み書きをまちがえやすい漢字です。

月	日
はじめ	時 分
終わり	時 分
かかった時間	分
名前	
とく点	点

（1〜6は全部書いて28点）

1

① ゆび《ゆび》でなぞりましょう。

積（はねる）

② 「積」を書きましょう。

画数	部首	読み方	意味
16画	禾	セキ つむ つもる	・つみ重ねる ・広さやかさ

③ □に「積」を書きましょう。

面《めん》□《せき》。

★ 雪が□《つ》もる。

2

① ゆび《ゆび》でなぞりましょう。

極（ひと筆で）

② 「極」を書きましょう。

画数	部首	読み方	意味
12画	木	キョク （ゴク） （きわめる） （きわまる） （きわみ）	・このうえないこと ・はし

③ □に「極」を書きましょう。

積《せっ》□《きょく》的《てき》。（自分から進んで物事をしようとする）

南《なん》□《きょく》。

3

① ゆび《ゆび》でなぞりましょう。

的（はねる）

② 「的」を書きましょう。

画数	部首	読み方	意味
8画	白	テキ まと	・目あて ・〜のような

③ □に「的」を書きましょう。

消極《しょうきょく》□《てき》。（自分から進んで何かをしようとしない）

□《まと》に当てる。

4

① ゆび《ゆび》でなぞりましょう。

浅（はねる）

② 「浅」を書きましょう。

画数	部首	読み方	意味
9画	氵	（セン） あさい	・度合いやていどが少ない ・あわい

③ □に「浅」を書きましょう。

□《あさ》い川。

遠《とお》□《あさ》の海。

5

① ゆび《ゆび》でなぞりましょう。

残

② 「残」を書きましょう。

画数	部首	読み方	意味
10画	歹	ザン のこる のこす	・後にのこる ・あまり

③ □に「残」を書きましょう。

□《ざん》念《ねん》。

心に□《のこ》る。

6

① ゆび《ゆび》でなぞりましょう。

念（はねる）

② 「念」を書きましょう。

画数	部首	読み方	意味
8画	心	ネン —	・深く考える ・注意する ・いのる

③ □に「念」を書きましょう。

記《き》□《ねん》。

□《ねん》を入れる。

©くもん出版

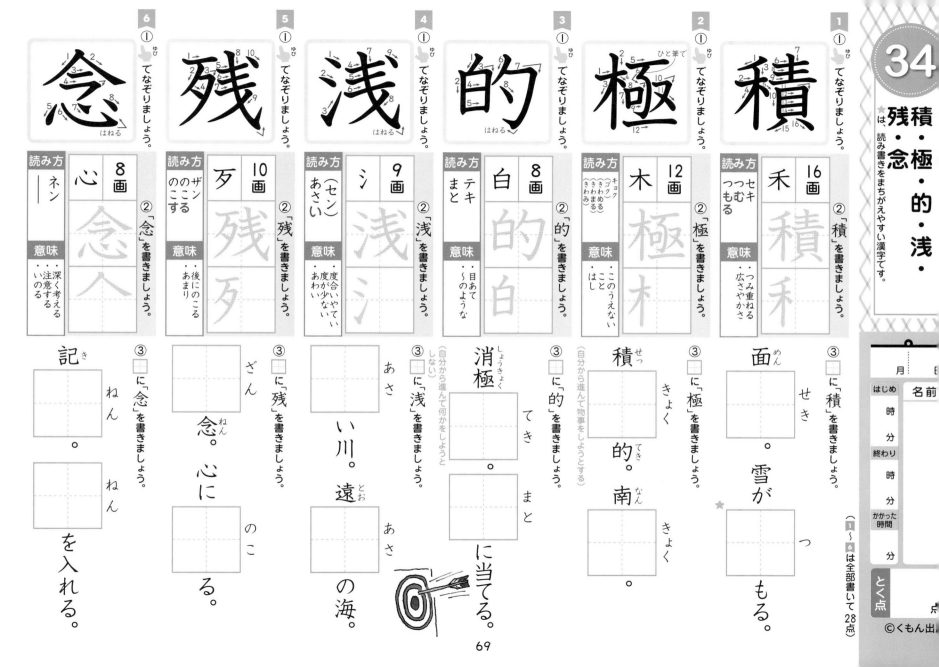

7　――の漢字の読みがなを書きましょう。（一つ4点）

① 土地の面積。（　　）
② 消極的になる。（　　）
③ 記念の写真。（　　）
④ お金が少し残る。（　　）
⑤ 的をねらう。（　　）
⑥ 雪が★積もる。（　　）
⑦ 残念な結果《けっか》。（　　）
⑧ 積極的に発言する。（　　）
⑨ 海の浅い所。（　　）

8　□に漢字を、（　）に送りがなを書きましょう。（一つ4点）

① 消□□《しょうきょくてき》な考え。
② □□《ざんねん》に思う。
③ 雪が□（る）《のこる》山。
④ かれ葉が★□（もる）《つもる》。
⑤ 四角形の面□《めんせき》。
⑥ □（い）《あさい》プール。
⑦ □□□《せっきょくてき》に動く。
⑧ 記□《きねん》のメダル。
⑨ 注目の□《まと》になる。

©くもん出版

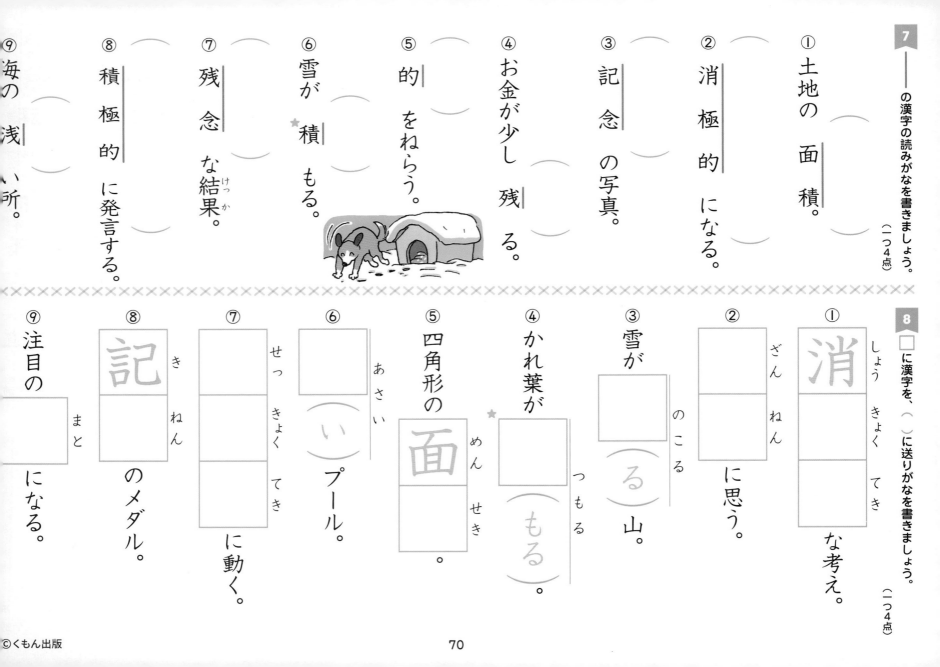

35 熱・帯・包・関・陸

★は、読み書きをまちがえやすい漢字です。

月	日
はじめ	時 分
終わり	時 分
かかった時間	分
名前	
とく点	点

（1～5は全部書いて20点）

©くもん出版

1

① ゆびでなぞりましょう。

熱

② 「熱」を書きましょう。

15画	灬

読み方：ネツ　あつい

意味：・温度が高い　・温度、ねつ　・うちこむ

③ □に「熱」を書きましょう。

発《はっ》□《ねつ》。

□《あつ》い湯。

2

① ゆびでなぞりましょう。

帯

② 「帯」を書きましょう。

10画	巾

読み方：タイ　おびる　おび

意味：・おび、おびのような形の地いき　・身につける

③ □に「帯」を書きましょう。

★包《ほう》□《たい》。

★熱《ねっ》□《たい》地方。

ほおが赤みを□《お》びる。

□《おび》をしめる。

3

① ゆびでなぞりましょう。

包

② 「包」を書きましょう。

5画	勹

読み方：ホウ　つつむ

意味：・おおいくるむ　・つつんだ物

③ □に「包」を書きましょう。

□《ほう》囲《い》。

紙で□《つつ》む。

4

① ゆびでなぞりましょう。

関

② 「関」を書きましょう。

14画	門

読み方：カン　せき　かかわる

意味：・かかわる　・せき所　・仕組み

③ □に「関」を書きましょう。

□《かん》係《けい》。

★□《せき》所《しょ》。

□《かか》わる。

5

① ゆびでなぞりましょう。

陸

② 「陸」を書きましょう。

11画	阝

読み方：リク　――

意味：・地球上の水におおわれていない部分

③ □に「陸」を書きましょう。

□《りく》地《ち》。

着《ちゃく》□《りく》。

6 ―の漢字の読みがなを書きましょう。（一つ4点）

①きれいに包（　）む。

②ほおが赤みを帯（　）びる。

③箱根《はこね》の☆関所（　）。

④熱☆帯（　）に関（　）わる。

⑤着物の帯（　）。

⑥関係（　）がある。

⑦熱（　）いお茶を飲む。

⑧陸地（　）が広がる。

⑨包帯（　）をまく。

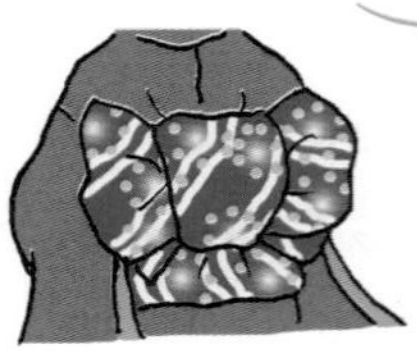

7 □に漢字を、（　）に送りがなを書きましょう。（一つ4点）

①ハンカチで□《つつ》（む）。

②□《あつ》（い）スープ。

③赤みを□《お》（びる）。

④海と□地《りくち》。

⑤☆□□《ねったい》に□《かか》わる。

⑥☆□□《ほうたい》を取りかえる。

⑦親子の□係《かんけい》。

⑧着物の□《おび》をしめる。

⑨江戸《えど》時代の☆□所《せきしょ》。

©くもん出版

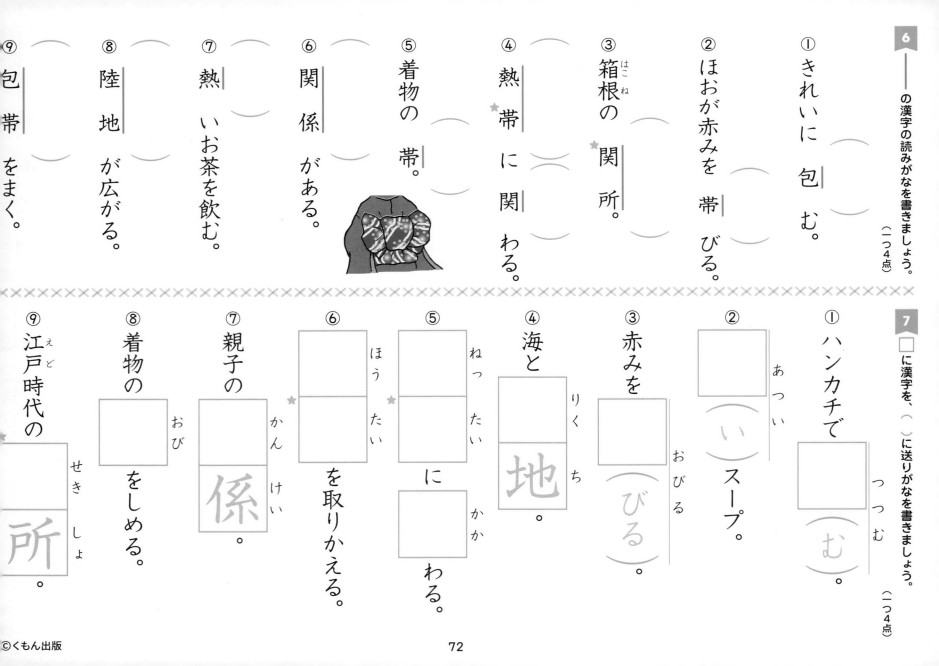

36 かくにんドリル⑨

★は、読み書きをまちがえやすい漢字です。

月	日

名前

はじめ	時 分
終わり	時 分
かかった時間	分
とく点	点

1 ＿＿の漢字の読みがなを書きましょう。（一つ4点）

① 浅い海で泳ぐ。

② 熱★帯の気《き》候《こう》。

③ 残念な結《けっ》果《か》。

④ 土地の面積。

⑤ 観光地を歩く。

⑥ ダニなどの害虫。

2 ＿＿の漢字の読みがなを書きましょう。（一つ3点）

①
積極的な人。
矢が的に当たる。

②
親子の関係。
箱《はこ》根《ね》の★関所。

③
運動会の種目。
花の種をまく。

④
豊《ほう》富な水量。
富と名声をえる。

©くもん出版

3 □に漢字を書きましょう。（一つ4点）

① □《あつ》いスープ。

② ★□《ほう》□《たい》をまく。

③ □《き》□《ねん》写真をとる。

④ 海と□《りく》□《ち》。

⑤ 教育に□《かか》わる仕事。

⑥ うさぎの□《かん》□《さつ》。

⑦ 犬の□《しゅ》□《るい》。

⑧ □《と》□《やま》県《けん》の海《かい》産《さん》物《ぶつ》。

4 ――のことばを漢字と送りがなで書きましょう。（一つ4点）

① プレゼントをつつむ。 □

② 放《ほう》課《か》後《ご》、教室にのこる。 □

③ たくさんの雪がつもる。 ★□

④ ほおが赤みをおびる。 □

⑤ 草食動物のたぐい。 □

©くもん出版

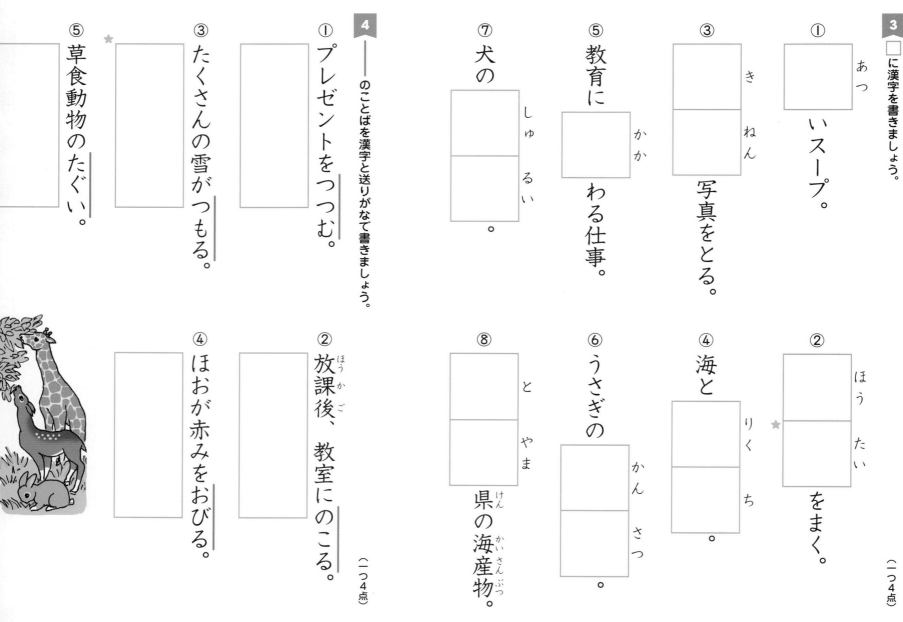

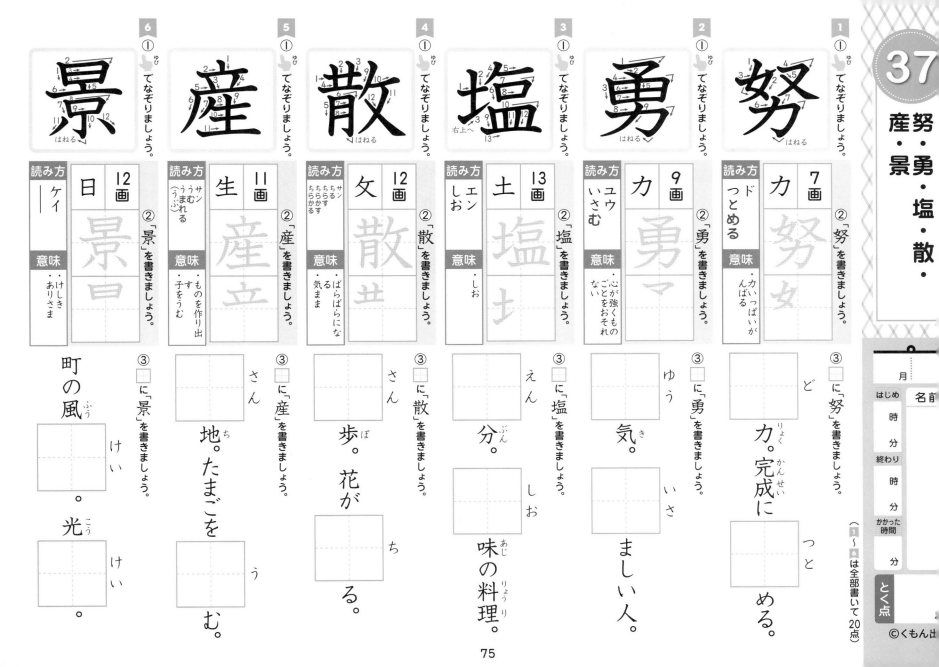

37 努・勇・塩・散・産・景

1

① ゆびでなぞりましょう。

努（はねる）

② 「努」を書きましょう。

力	7画

読み方：ド　つとめる

意味：・力いっぱいがんばる

③ □に「努」を書きましょう。

□《ど》力《りょく》。完成《かんせい》に□《つと》める。

2

① ゆびでなぞりましょう。

勇（はねる）

② 「勇」を書きましょう。

力	9画

読み方：ユウ　いさむ

意味：・心が強くものごとをおそれない

③ □に「勇」を書きましょう。

□《ゆう》気《き》。□《いさ》ましい人。

3

① ゆびでなぞりましょう。

塩（右上へ）

② 「塩」を書きましょう。

土	13画

読み方：エン　しお

意味：・しお

③ □に「塩」を書きましょう。

□《えん》分《ぶん》。□《しお》味《あじ》の料理《りょうり》。

4

① ゆびでなぞりましょう。

散（はねる）

② 「散」を書きましょう。

攵	12画

読み方：サン　ちる　ちらす　ちらかす　ちらかる

意味：・ばらばらになる　・気まま

③ □に「散」を書きましょう。

□《さん》歩《ぽ》。花が□《ち》る。

5

① ゆびでなぞりましょう。

産

② 「産」を書きましょう。

生	11画

読み方：サン　うむ　うまれる　（うぶ）

意味：・ものを作り出す　・子をうむ

③ □に「産」を書きましょう。

□《さん》地《ち》。たまごを□《う》む。

6

① ゆびでなぞりましょう。

景（はねる）

② 「景」を書きましょう。

日	12画

読み方：ケイ

意味：・けしき　・ありさま

③ □に「景」を書きましょう。

町の風《ふう》□《けい》。光《こう》□《けい》。

（1～6は全部書いて20点）

月　日

名前

はじめ　時　分

終わり　時　分

かかった時間　分

とく点

©くもん出版

7 ——の漢字の読みがなを書きましょう。（一つ4点）

① 町で見た光景。（　　）

② 早起きに努める。（　　）

③ 塩の産地。（　　）（　　）

④ 公園を散歩する。（　　）

⑤ 勇気のある人。（　　）

⑥ 子犬が産まれる。（　　）

⑦ 勇ましいすがた。（　　）

⑧ 花が散る。（　　）

⑨ 塩分をひかえる。（　　）

8 □に漢字を、（　）に送りがなを書きましょう。（一つ4点）

① □力《どりょく》して成功《せいこう》する。

② さくらの花が□《ち》る。

③ □《しお》の□地《さんち》。

④ □分《えんぶん》が多い食べ物。

⑤ 美しい山の風□《ふうけい》。

⑥ □（ましい）《いさましい》歌声。

⑦ 子犬が□（まれる）《うまれる》。
注意 ここでは「生」を使わないで書く。

⑧ 完成《かんせい》に□（める）《つとめる》。

⑨ 犬と□歩《さんぽ》する。

©くもん出版

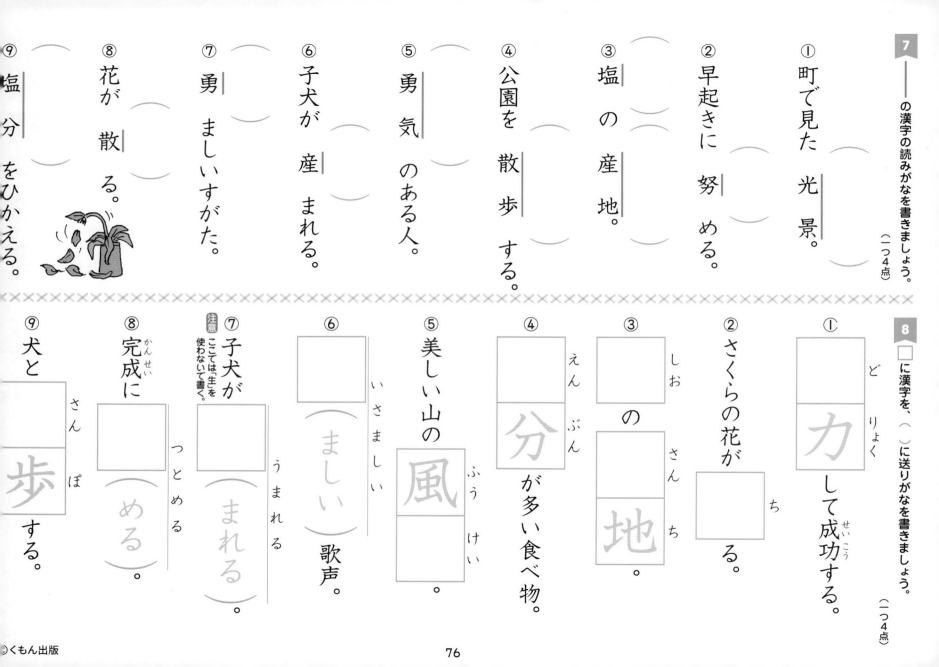

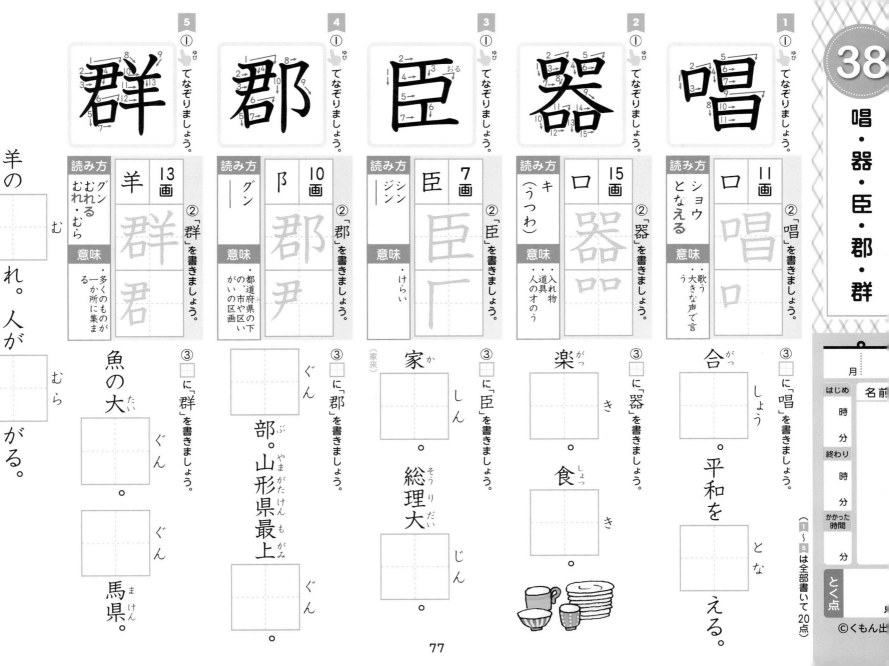

38 唱・器・臣・郡・群

月　日

はじめ　時　分

終わり　時　分

かかった時間　分

名前

とく点　点

©くもん出版

（1～5は全部書いて20点）

1

① ゆび でなぞりましょう。

唱

口	11画

読み方：ショウ　となえる

意味：・歌う　・大きな声で言う

② 「唱」を書きましょう。

③ □に「唱」を書きましょう。

合《がっ》□《しょう》。

平和を□《とな》える。

2

① ゆび でなぞりましょう。

器

口	15画

読み方：キ　（うつわ）

意味：・入れ物　・道具　・人の才のう

② 「器」を書きましょう。

③ □に「器」を書きましょう。

楽《がっ》□《き》。

食《しょっ》□《き》。

3

① ゆび でなぞりましょう。

臣

臣	7画

読み方：シン　ジン　―

意味：・けらい

② 「臣」を書きましょう。

③ □に「臣」を書きましょう。

家《か》□《しん》。（家来）

総《そう》理《り》大《だい》□《じん》。

4

① ゆび でなぞりましょう。

郡

阝	10画

読み方：グン　―

意味：・都道府《ふ》県の下の、市や区いがいの区画

② 「郡」を書きましょう。

③ □に「郡」を書きましょう。

□《ぐん》部《ぶ》。

山《やま》形《がた》県《けん》最《も》上《がみ》□《ぐん》。

5

① ゆび でなぞりましょう。

群

羊	13画

読み方：グン　むれる　むれ・むら

意味：・多くのものが一か所に集まる

② 「群」を書きましょう。

③ □に「群」を書きましょう。

魚の大《たい》□《ぐん》。

□《ぐん》馬《ま》県《けん》。

羊の□《む》れ。人が□《むら》がる。

6 ――の漢字の読みがなを書きましょう。（一つ5点）

① 外務《がいむ》大臣が話す。

② との様の家臣。

③ 神《か》奈《な》川《がわ》県《けん》三《み》浦《うら》郡。

④ 平和を唱える。

⑤ 人が群がる。

⑥ 楽器をかなでる。

⑦ 群馬県《けん》に生まれる。

⑧ 合唱コンクール。

7 □に漢字を、（　）に送りがなを書きましょう。（一つ5点）

① 楽《がっ》□《き》を鳴らす。

② 羊の□《む》れを追う。

③ 山《やま》形《がた》県《けん》最《も》上《がみ》□《ぐん》。

④ 合《がっ》□《しょう》する歌。

⑤ じゅもんを□（える）《となえる》。

⑥ はちが巣《す》に□《むら》がる。

⑦ 文《もん》部《ぶ》科学大《だい》□《じん》。

⑧ 王様の家《か》□《しん》。

©くもん出版

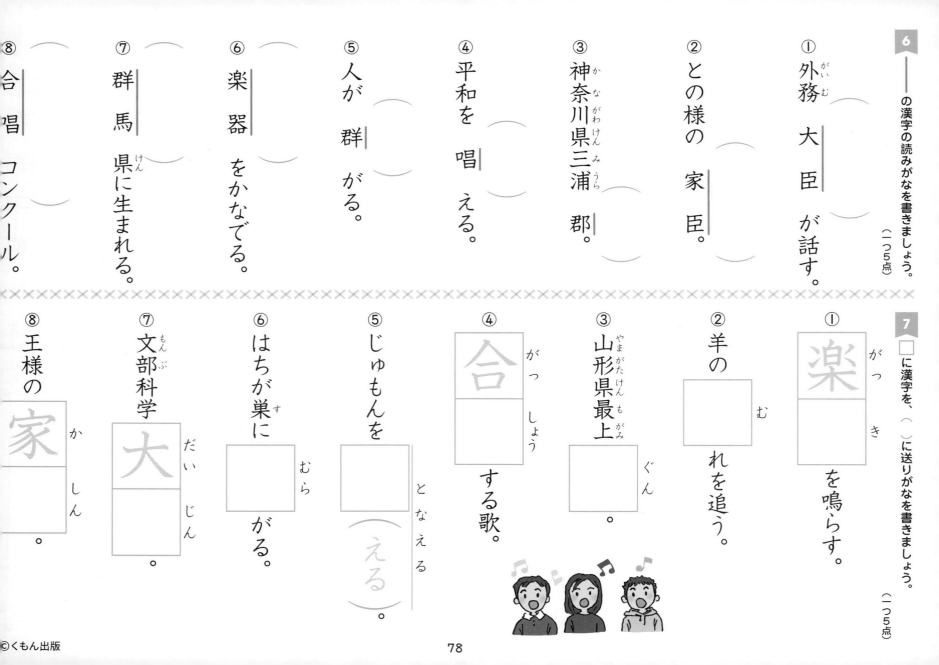

39 愛・協・卒・博・差・達

月	日

はじめ	時 分
終わり	時 分
かかった時間	分
名前	
とく点	

（1～6は全部書いて20点）

1

① ゆびでなぞりましょう。

愛

読み方	部首	画数
アイ	心	13画

意味
・かわいがる
・大切にする

② 「愛」を書きましょう。

③ □に「愛」を書きましょう。

あい□する人。

あい□犬《けん》。

2

① ゆびでなぞりましょう。

協

読み方	部首	画数
キョウ	十	8画

意味
・心や力を合わせる
・なごやかにする

② 「協」を書きましょう。

③ □に「協」を書きましょう。

きょう□力《りょく》。

きょう□調《ちょう》性《せい》。

（たがいにゆずり合い、力を合わせること）

3

① ゆびでなぞりましょう。

卒

読み方	部首	画数
ソツ	十	8画

意味
・終わる

② 「卒」を書きましょう。

③ □に「卒」を書きましょう。

そつ□業《ぎょう》式《しき》。

そつ□園《えん》。

4

① ゆびでなぞりましょう。

博 （はねる）

読み方	部首	画数
ハク（バク）	十	12画

意味
・広く行きわたる

② 「博」を書きましょう。

③ □に「博」を書きましょう。

はく□物《ぶっ》館《かん》。

はく□らん会《かい》。

5

① ゆびでなぞりましょう。

差

読み方	部首	画数
サ さす	工	10画

意味
・ちがい
・二つの数のさ
・送る、つかわす

② 「差」を書きましょう。

③ □に「差」を書きましょう。

交《こう》さ□点《てん》。

さ□し出《だ》す。

6

① ゆびでなぞりましょう。

達

読み方	部首	画数
タツ	辶	12画

意味
・とどく
・知らせ
・すぐれている

② 「達」を書きましょう。

③ □に「達」を書きましょう。

発《はっ》たつ□。

配《はい》たつ□。

©くもん出

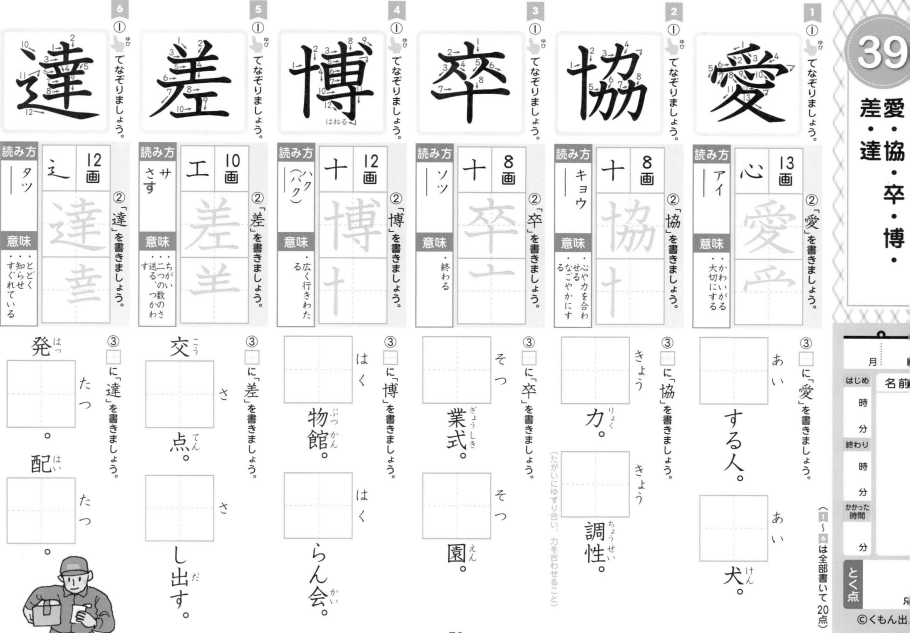

7 ——の漢字の読みがなを書きましょう。（一つ5点）

① ゆう便《びん》配達。

② 博物館に行く。

③ 交差点の信号《しんごう》。

④ 家族を愛する。

⑤ 手を差し出《だ》す。

⑥ 三月に卒業する。

⑦ ぎじゅつの発達。

⑧ 学級で協力する。

8 □に漢字を書きましょう。（一つ5点）

① 子どもを□《あい》する。

② 新聞を配《はい》□《たつ》する。

③ □《はく》物《ぶつ》館《かん》の建物《たてもの》。

④ 駅前の交《こう》□《さ》点《てん》。

⑤ 交通が発《はっ》□《たつ》する。

⑥ □《きょう》力《りょく》して作業する。

⑦ 手紙の□《さ》し出《だ》し人《にん》。

⑧ 兄が□《そつ》業《ぎょう》する。

©くもん出版

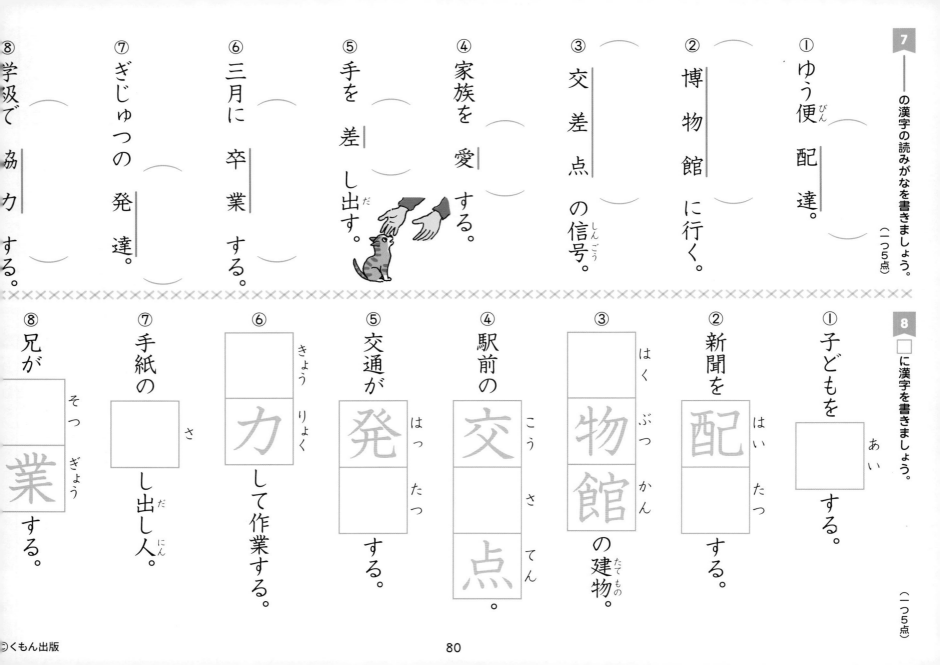

40 かくにんドリル⑩

月　日

はじめ　時　分
終わり　時　分
かかった時間　分

名前

とく点　点

©くもん出版

1 ――の漢字の読みがなを書きましょう。（一つ3点）

① すいかの産地。

② 新聞配達。

③ 王様の家臣。

④ こいが群がる。

⑤ 努力の成果《せいか》。

⑥ 花びらが散る。

⑦ 楽器を習う。

⑧ 合唱部《ぶ》に入る。

⑨ 協力を求《もと》める。

⑩ 塩分をひかえる。

⑪ 勇気を出す。

⑫ 駅前の交差点。

⑬ 港町の光景。

⑭ 県立の博物館。

2 □に漢字を書きましょう。（一つ3点）

① 手紙の□《さ》し出《だ》し人《にん》。

② 文《もん》部《ぶ》科学□□《だいじん》。

③ □□《ぐんま》県《けん》の鉄道。

④ □《しお》を加《くわ》える。

⑤ □□《がっき》をかなでる。

⑥ 人を□《あい》する心。

⑦ □《ぐん》部《ぶ》の町に住む。

⑧ 市の□□□《はくぶつかん》。

⑨ 公園を□□《さんぽ》する。

⑩ 兄の□□《そつぎょう》式《しき》。

3 ――のことばを漢字と送りがなで書きましょう。（一つ7点）

① 子どもがうまれる。

注意 ここでは「生」を使わないで書く。

② 世界平和をとなえる。

③ 早起きにつとめる。

④ いさましい歌声。

©くもん出版

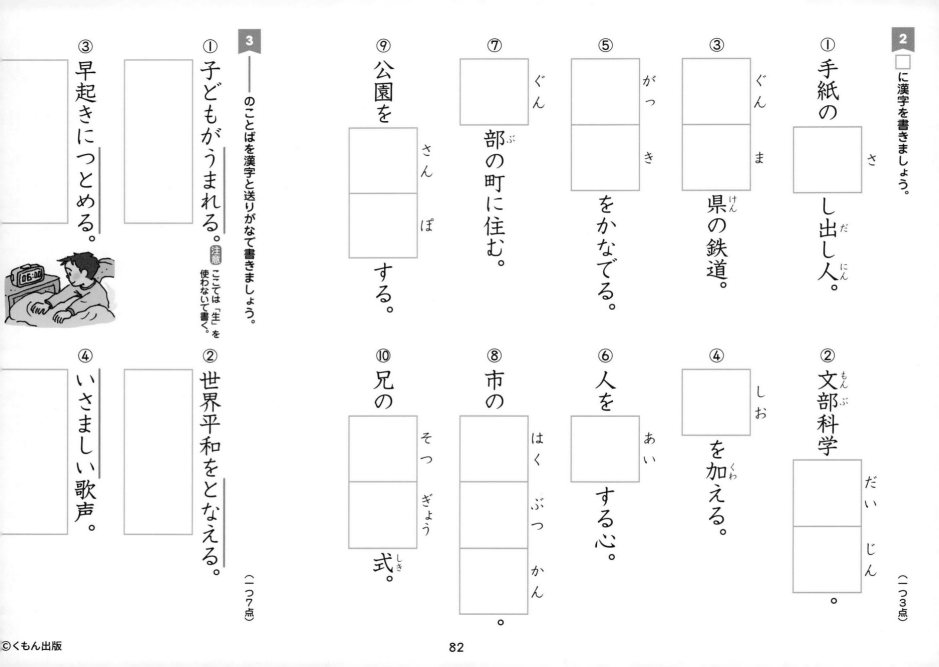

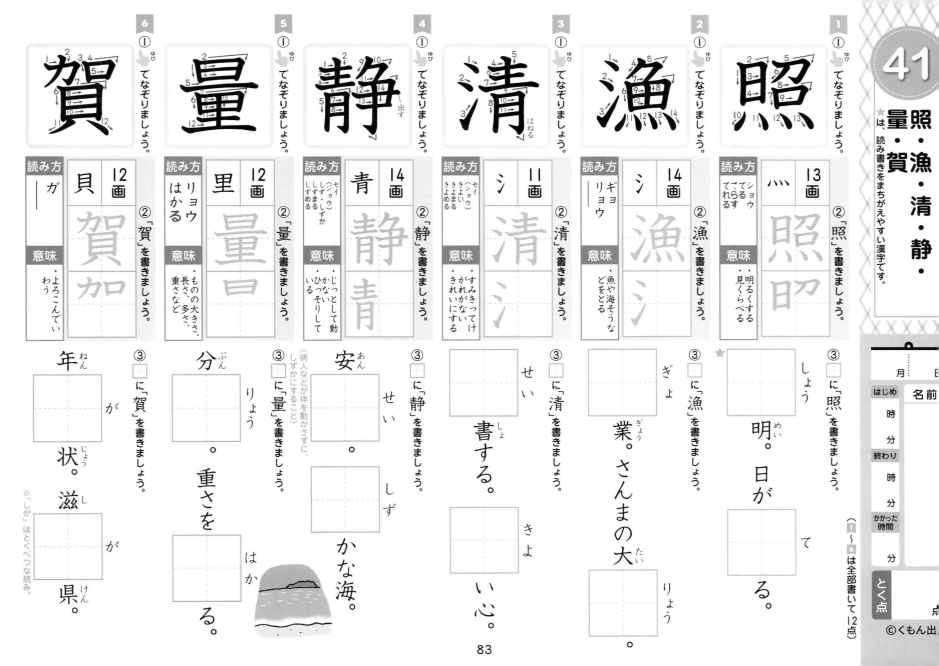

41

照・漁・清・静・量・賀

★は、読《よ》み書きをまちがえやすい漢字です。

月　日

名前

はじめ　時　分

終わり　時　分

かかった時間　分

とく点　点

（1～6は全部書いて12点）

1

① 照 ゆびでなぞりましょう。

② 「照」を書きましょう。

13画　灬

照　昭

読み方：ショウ　てる　てらす　てれる

意味：・明るくする　・見くらべる

③ □に「照」を書きましょう。

★ □《しょう》明《めい》。日が□《て》る。

2

① 漁 ゆびでなぞりましょう。

② 「漁」を書きましょう。

14画　氵

漁　氵

読み方：ギョ　リョウ

意味：・魚や海そうなどをとる

③ □に「漁」を書きましょう。

□《ぎょ》業《ぎょう》。さんまの大《たい》□《りょう》。

3

① 清 ゆびでなぞりましょう。（はねる）

② 「清」を書きましょう。

11画　氵

清　氵

読み方：セイ　（ショウ）　きよい　きよまる　きよめる

意味：・すみきってけがれがない　・きれいにする

③ □に「清」を書きましょう。

□《せい》書《しょ》する。□《きよ》い心。

4

① 静 ゆびでなぞりましょう。（出す）

② 「静」を書きましょう。

14画　青

静　青

読み方：セイ　（ジョウ）　しず・しずか　しずまる　しずめる

意味：・じっとして動かない　・ひっそりしている

③ □に「静」を書きましょう。

安《あん》□《せい》。（病人などが体を動かさずに、しずかにすること）

□《しず》かな海。

5

① 量 ゆびでなぞりましょう。

② 「量」を書きましょう。

12画　里

量　旦

読み方：リョウ　はかる

意味：・ものの大きさ、長さ、多さ、重さなど

③ □に「量」を書きましょう。

分《ぶん》□《りょう》。重さを□《はか》る。

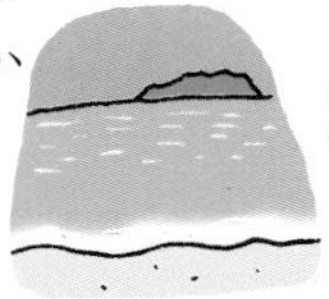

6

① 賀 ゆびでなぞりましょう。

② 「賀」を書きましょう。

12画　貝

賀　加

読み方：ガ

意味：・よろこんでいわう

③ □に「賀」を書きましょう。

年《ねん》□《が》状《じょう》。滋《し》□《が》県《けん》。

※「しが」はとくべつな読み。

©くもん出

7 ——の漢字の読みがなを書きましょう。（一つ4点）

① ★照明係《がかり》が照らす。

② 漁業の仕事。

③ ぶりの大漁。

④ 体重を量る。

⑤ 塩《しお》の分量。

⑥ 滋《し》賀県《けん》の琵琶湖《びわこ》。

⑦ 静かに清書する。

⑧ 清い心の人。

⑨ 安静にする。

8 □に漢字を、（ ）に送りがなを書きましょう。（一つ4点）

① ねんが 年□状《じょう》を書く。

② 一週間の あんせい 安□。

③ ★ しょう □明係《めいがかり》が てらす □（らす）。

④ さとうの ぶんりょう 分□。

⑤ かつおの たいりょう 大□。

⑥ きよい □（い）川の流れ。

⑦ しずか □（か）に せい □書《しょ》する。

⑧ 荷物の重さを はかる □（る）。

⑨ 遠洋 ぎょぎょう □業の船。

©くもん出版

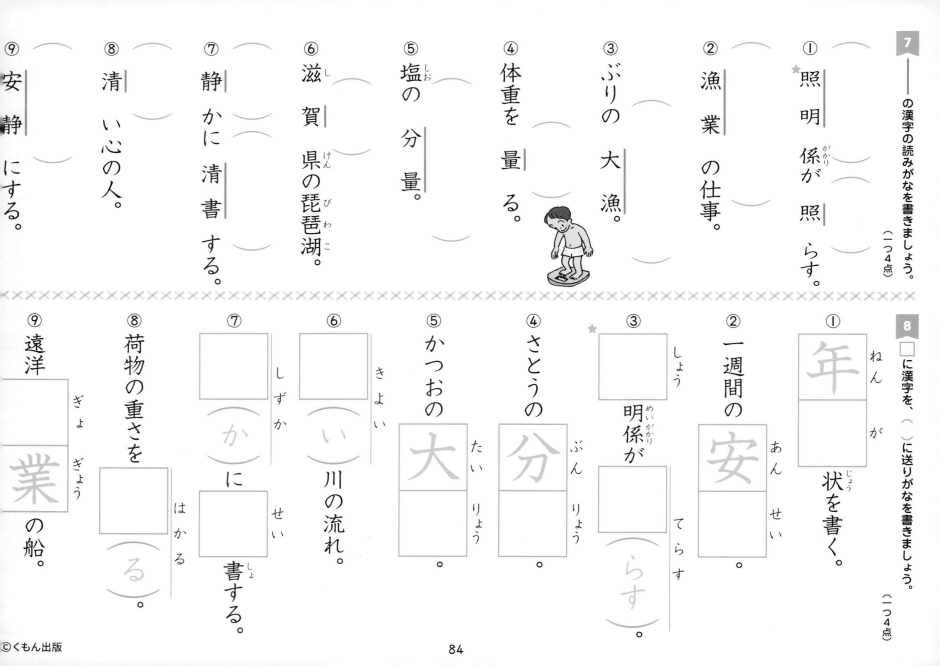

42 焼・然・無・輪・飯

月　日

はじめ　時　分
終わり　時　分
かかった時間　分

名前

とく点

（1～5は全部書いて20点）

©くもん出

1

①ゆびでなぞりましょう。

焼（はねる）

②「焼」を書きましょう。

火　12画

読み方：（ショウ）　やく　やける

意味：・もやす　・やく

③□に「焼」を書きましょう。

魚を□《や》く。夕《ゆう》□《や》け。

2

①ゆびでなぞりましょう。

然

②「然」を書きましょう。

灬　12画

読み方：ゼン　ネン

意味：・そのままである様子を表すことば

③□に「然」を書きましょう。

自《し》□《ぜん》。天《てん》□《ねん》の氷。

3

①ゆびでなぞりましょう。

無（長く）

②「無」を書きましょう。

灬　12画

読み方：ム　ブ　ない

意味：・全くない　・～でない　・～しない

③□に「無」を書きましょう。

□《む》理《り》をしない。

□《ぶ》事《じ》に着く。

□《な》い物《もの》ねだり。

（自分にない物をほしがること）

4

①ゆびでなぞりましょう。

輪（はねる）

②「輪」を書きましょう。

車　15画

読み方：リン　わ

意味：・車のわ　・わのようにまるい形

③□に「輪」を書きましょう。

一《いち》□《りん》車《しゃ》。□《わ》投《な》げ。

5

①ゆびでなぞりましょう。

飯（とめる）

②「飯」を書きましょう。

食　12画

読み方：ハン　めし

意味：・ごはん　・食事のこと

③□に「飯」を書きましょう。

ご□《はん》。にぎり□《めし》。

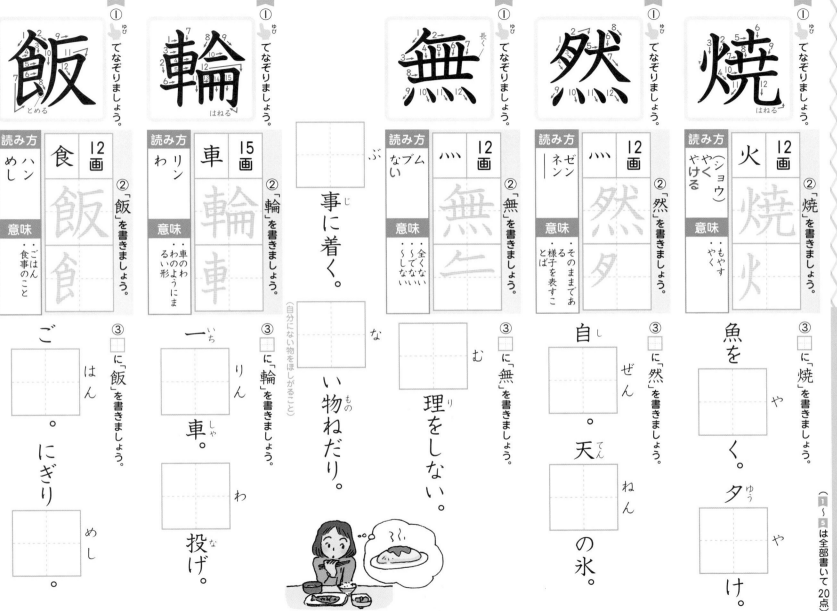

6 ——の漢字の読みがなを書きましょう。（一つ4点）

① 美しい自然。

② ご飯と焼き魚《ざかな》。

③ 一輪車の練習。

④ 天然の色さい。

⑤ 無い物《もの》ねだりをする。

⑥ 無事を知らせる。

⑦ 無理をしない。

⑧ 輪投《な》げをする。

⑨ にぎり飯を食べる。

7 □に漢字を書きましょう。（一つ4点）

① □《わ》投《な》げで遊ぶ。

② 一《いち》□《りん》車《しゃ》に乗る。

③ にぎり□《めし》。

④ □《な》い物《もの》ねだり。

⑤ ご□《はん》と□《や》き魚《ざかな》。

⑥ □《む》理《り》を言う。

⑦ □《ぶ》事《じ》、家に着く。

⑧ ゆたかな自《し》□《ぜん》。

⑨ 天《てん》□《ねん》の温せん。

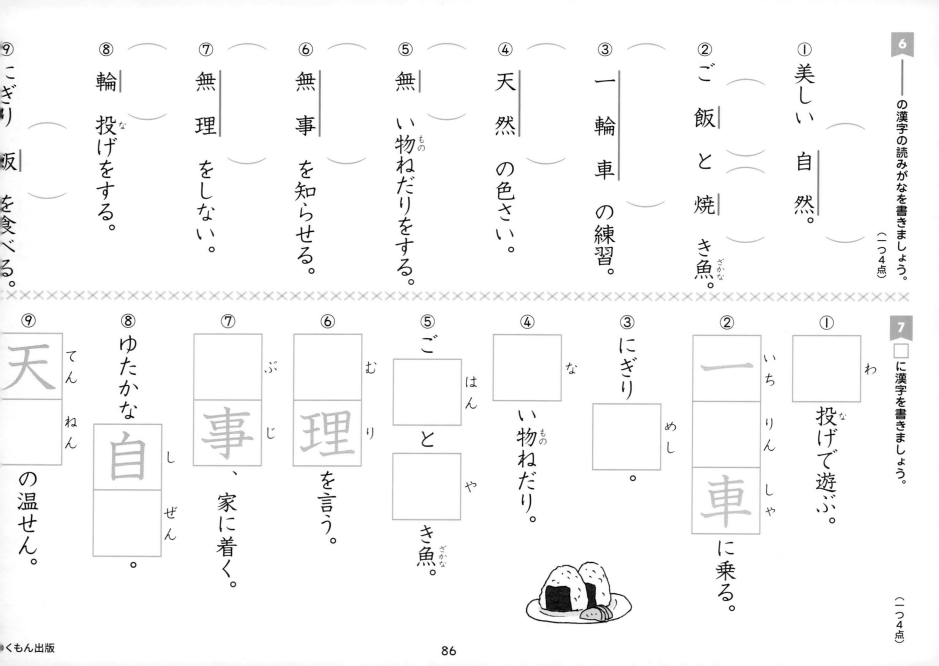

43 旗・録・鏡・順・願・競

★は、読み書きをまちがえやすい漢字です。

月　日

はじめ　時　分

終わり　時　分

かかった時間　分

名前

とく点

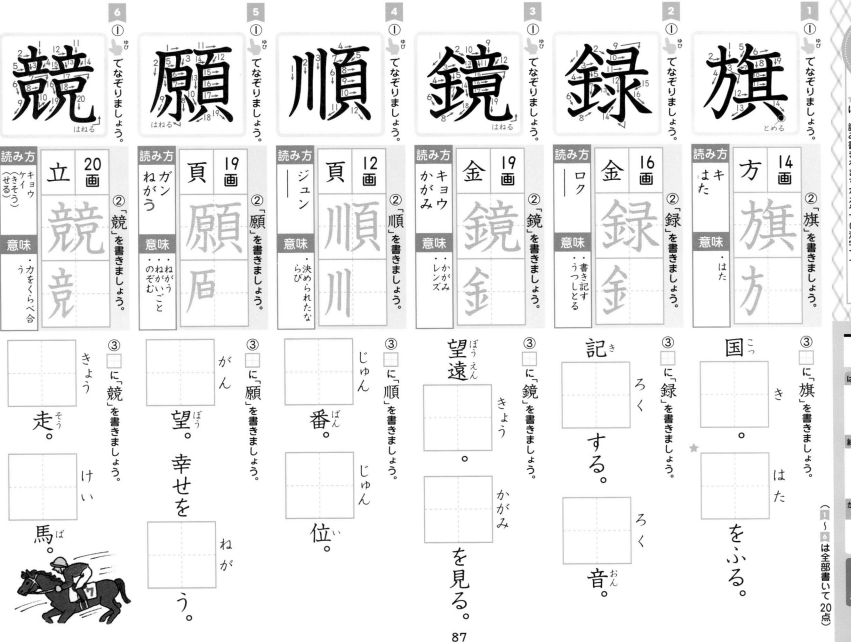

（1～6は全部書いて20点）

©くもん出

1

① ゆびでなぞりましょう。

旗（とめる）

② 「旗」を書きましょう。

14画	方
読み方	キ　はた
意味	・はた

③ □に「旗」を書きましょう。

国《こっ》□《き》。

★□《はた》をふる。

2

① ゆびでなぞりましょう。

録

② 「録」を書きましょう。

16画	金
読み方	ロク　―
意味	・書き記す　・うつしとる

③ □に「録」を書きましょう。

記《き》□《ろく》する。

□《ろく》音《おん》。

3

① ゆびでなぞりましょう。

鏡（はねる）

② 「鏡」を書きましょう。

19画	金
読み方	キョウ　かがみ
意味	・かがみ　・レンズ

③ □に「鏡」を書きましょう。

望《ぼう》遠《えん》□《きょう》。

□《かがみ》を見る。

4

① ゆびでなぞりましょう。

順

② 「順」を書きましょう。

12画	頁
読み方	ジュン　―
意味	・決められたならび

③ □に「順」を書きましょう。

□《じゅん》番《ばん》。

□《じゅん》位《い》。

5

① ゆびでなぞりましょう。

願（はねる）

② 「願」を書きましょう。

19画	頁
読み方	ガン　ねがう
意味	・ねがう　・ねがいごと　・のぞむ

③ □に「願」を書きましょう。

□《がん》望《ぼう》。

幸せを□《ねが》う。

6

① ゆびでなぞりましょう。

競（はねる）

② 「競」を書きましょう。

20画	立
読み方	キョウ　ケイ　（きそう）（せる）
意味	・力をくらべ合う

③ □に「競」を書きましょう。

□《きょう》走《そう》。

□《けい》馬《ば》。

7 ——の漢字の読みがなを書きましょう。（一つ4点）

① 鏡を見る。

② ★旗をふる。

③ 順位を記録する。

④ 強い願望。

⑤ 平和を願う。

⑥ 国旗をかかげる。

⑦ 望遠鏡で見る。

⑧ 百メートル競走。

⑨ 競馬のき手《しゅ》。

8 □に漢字を、（　）に送りがなを書きましょう。（一つ4点）

① 平和を□（う）《ねがう》。

② 望《ぼう》遠《えん》□《きょう》。

③ □《がん》望《ぼう》がかなう。

④ □《じゅん》位《い》を記《き》□《ろく》する。

⑤ 百メートル□《きょう》走《そう》。

⑥ 広い□《けい》馬《ば》場《じょう》。

⑦ □《かがみ》にうつった顔。

⑧ 世界の国《こっ》□《き》。

⑨ 白組の□《はた》。

©くもん出版

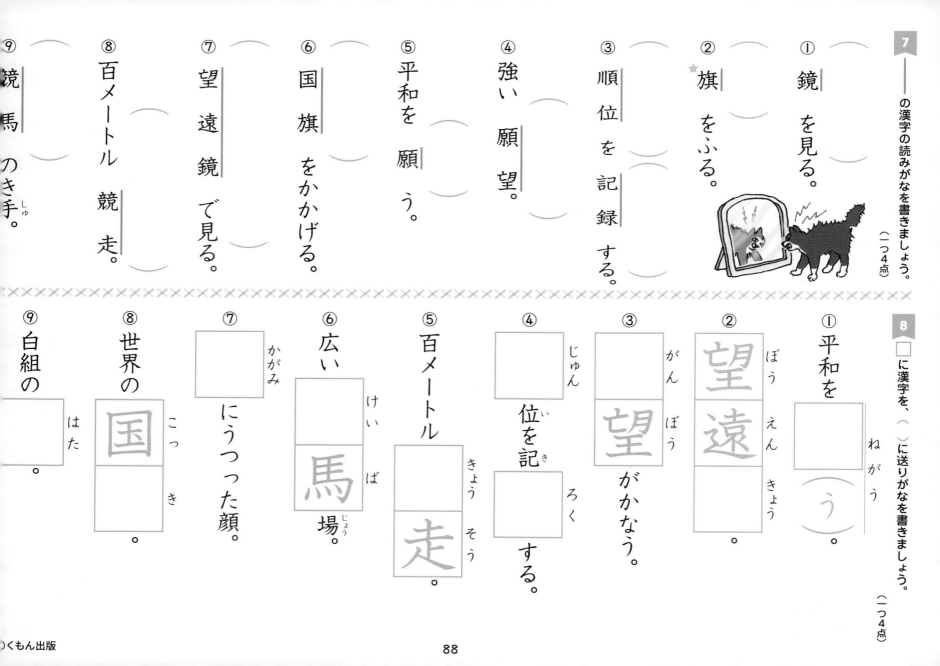

44 かくにんドリル⑪

★は、読み書きをまちがえやすい漢字です。

月　日

はじめ　時　分

終わり　時　分

かかった時間　分

名前

とく点　点

©くもん出版

1 ――の漢字の読みがなを書きましょう。（一つ2点）

① 漁業がさかん。

② まぐろの大漁。

③ ★照明を消す。

④ 百メートル競走。

⑤ 自然の中を歩く。

⑥ 下書きを清書する。

2 ――の漢字の読みがなを書きましょう。（一つ4点）

①
一輪車に乗る。
輪の中に入る。

②
望遠鏡で見る。
鏡にうつる。

③
ご飯を食べる。
にぎり飯を食べる。

④
国旗をかかげる。
★旗を立てる。

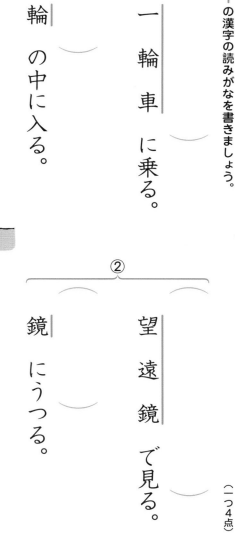

3 □に漢字を書きましょう。（一つ4点）

① 結果《けっか》を□□《きろく》する。

② □□《あんせい》にする。

③ □□《てんねん》ガス。

④ □□《ねんが》状《じょう》を送る。

⑤ 成績《せいせき》の□□《じゅんい》。

⑥ □□《がんぼう》がかなう。

⑦ 塩《しお》の□□《ぶんりょう》。

⑧ □□《むり》を言う。

⑨ □《や》き魚《ざかな》を食べる。

⑩ 暗がりを□《て》らす。

4 ――のことばを漢字と送りがなで書きましょう。（一つ4点）

① 平和を<u>ねがう</u>。 □

② 荷物の重さを<u>はかる</u>。 □

③ 場内が<u>しずか</u>になる。 □

④ <u>きよい</u>川の流れ。 □

©くもん出版

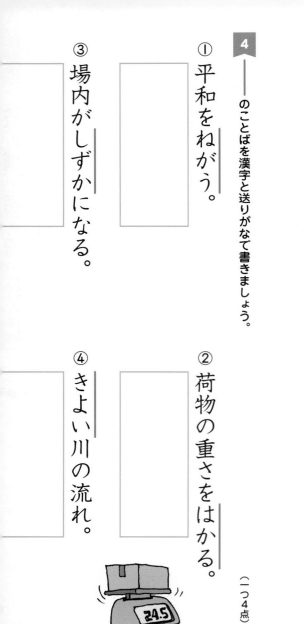

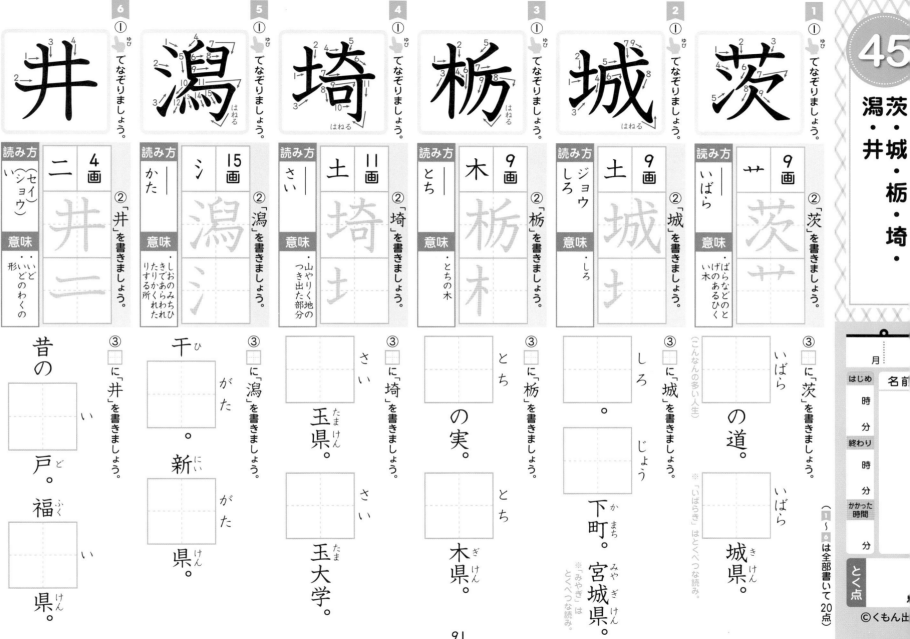

45 茨・城・栃・埼・潟・井

（1～6は全部書いて20点）

1

① ゆびでなぞりましょう。

茨

② 「茨」を書きましょう。

艹	9画

読み方：いばら

意味：・ばらなどのとげのあるひくい木

③ □に「茨」を書きましょう。

いばら□の道。（こんなんの多い人生）

いばら□城《き》県《けん》。

※「いばらき」はとくべつな読み。

2

① ゆびでなぞりましょう。

城（はねる）

② 「城」を書きましょう。

土	9画

読み方：ジョウ　しろ

意味：・しろ

③ □に「城」を書きましょう。

しろ□。

じょう□下《か》町《まち》。

宮《みや》城《ぎ》県《けん》。

※「みやぎ」はとくべつな読み。

3

① ゆびでなぞりましょう。

栃（はねる）

② 「栃」を書きましょう。

木	9画

読み方：とち

意味：・とちの木

③ □に「栃」を書きましょう。

とち□の実。

とち□木《ぎ》県《けん》。

4

① ゆびでなぞりましょう。

埼（はねる）

② 「埼」を書きましょう。

土	11画

読み方：さい

意味：・山やりく地のつき出た部分

③ □に「埼」を書きましょう。

さい□玉《たま》県《けん》。

さい□玉《たま》大学。

5

① ゆびでなぞりましょう。

潟（はねる）

② 「潟」を書きましょう。

氵	15画

読み方：かた

意味：・しおのみちひきであらわれたりかくれたりする所

③ □に「潟」を書きましょう。

干《ひ》がた□。

新《にい》がた□県《けん》。

6

① ゆびでなぞりましょう。

井

② 「井」を書きましょう。

二	4画

読み方：い（セイ）（ショウ）

意味：・いど　・いどのわくの形

③ □に「井」を書きましょう。

昔の い□戸《ど》。

福《ふく》い□県《けん》。

月　日　名前

はじめ　時　分

終わり　時　分

かかった時間　分

とく点

©くもん出

7 ――の漢字の読みがなを書きましょう。（一つ5点）

① 干《ひ》潟が広がる。（　　）

② 城の中を見学する。（　　）

③ 栃の実がなる。（　　）

④ 井戸の水。（　　）

⑤ 城下町の風景《ふうけい》。（　　）

⑥ 埼玉県《けん》に住む。（　　）

⑦ 福井県《けん》の観光地《かんこうち》。（　　）

⑧ 茨城県《けん》の産業《さんぎょう》。（　　）

8 □に漢字を書きましょう。（一つ5点）

① □《しろ》あとの公園。

② □玉《さいたま》県《けん》の駅。

③ 古い□戸《いど》がある。

④ □□《いばらき》県《けん》の観光《かんこう》。

⑤ 福□《ふくい》県《けん》にある寺。

⑥ □木《とちぎ》県《けん》の友達《ともだち》。

⑦ □下町《じょうかまち》を歩く。

⑧ 新□《にいがた》県《けん》の米作り。

©くもん出版

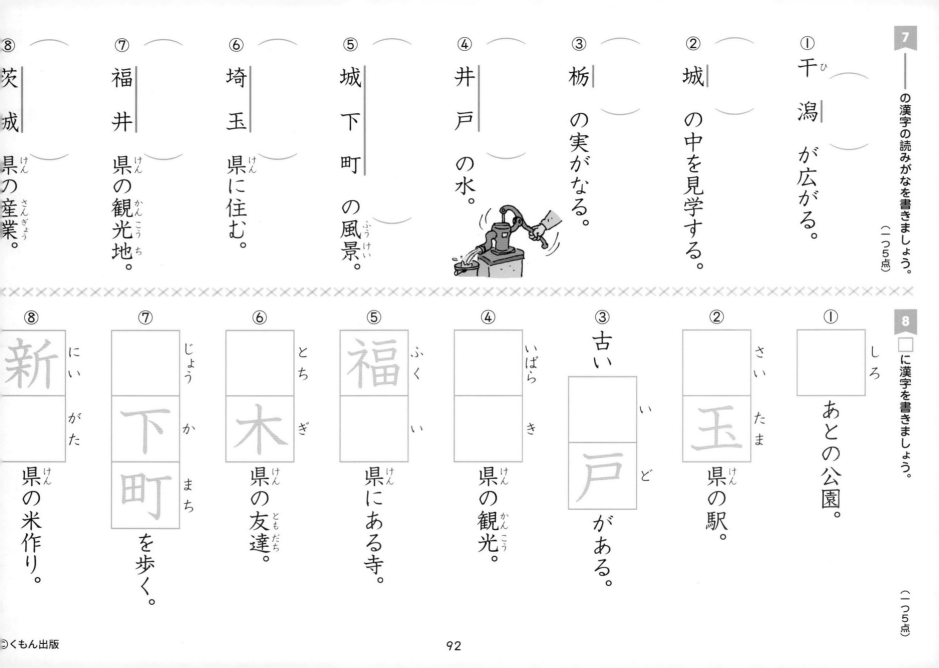

46 梨・岐・阜・岡・滋

（1～5は全部書いて20点）

1

① ゆびでなぞりましょう。

梨

読み方	木	11画
なし		
意味		
・なしの木や実		

②「梨」を書きましょう。

③ □に「梨」を書きましょう。

□《なし》の実。

山《やま》□《なし》県《けん》。

2

① ゆびでなぞりましょう。

岐

読み方	山	7画
（キ）		
意味		
・分かれ道		

②「岐」を書きましょう。

③ □に「岐」を書きましょう。

□《ぎ》阜《ふ》県《けん》。

□《ぎ》阜《ふ》の旅。

※「ぎふ」はとくべつな読み。

3

① ゆびでなぞりましょう。

阜

読み方	阜	8画
フ		
意味		
・小高く、ふくらんだ所		

②「阜」を書きましょう。

③ □に「阜」を書きましょう。

岐《ぎ》□《ふ》県《けん》。

岐《ぎ》□《ふ》市《し》。

※「ぎふ」はとくべつな読み。

4

① ゆびでなぞりましょう。

岡

読み方	山	8画
おか		
意味		
・小高い台地		

②「岡」を書きましょう。

③ □に「岡」を書きましょう。

□《おか》山《やま》県《けん》。

福《ふく》□《おか》県《けん》。

5

① ゆびでなぞりましょう。

滋

読み方	氵	12画
（ジ）		
意味		
・草木がしげる ・えいようがある		

②「滋」を書きましょう。

③ □に「滋」を書きましょう。

□《し》賀《が》県《けん》。

□《し》賀《が》大学。

※「しが」はとくべつな読み。

月　日

はじめ　時　分

終わり　時　分

かかった時間　分

名前

とく点　点

©くもん出

6 ＿の漢字の読みがなを書きましょう。（一つ5点）

① 梨の実がなる。

② 岡山県《けん》の地図。

③ 滋賀県《けん》大津市《おおつし》。

④ 福岡県《けん》の名産《めいさん》。

⑤ 山梨県《けん》の観光地《かんこうち》。

⑥ 岐阜県《けん》の山。

⑦ 滋賀県《けん》にある湖。

⑧ 岐阜の旅。

7 □に漢字を書きましょう。（一つ5点）

① 九州《きゅうしゅう》の福《ふく》□《おか》県《けん》。

② □《おか》山《やま》県《けん》の産業《さんぎょう》。

③ 山《やま》□《なし》県《けん》の農産物《のうさんぶつ》。

④ □《し》賀《が》の大学。

⑤ 福《ふく》□《おか》県《けん》の祭り。

⑥ □《し》賀《が》県《けん》にある城《しろ》。

⑦ □《なし》の実を食べる。

⑧ □《ぎ》□《ふ》県《けん》の観光地《かんこうち》。

©くもん出版

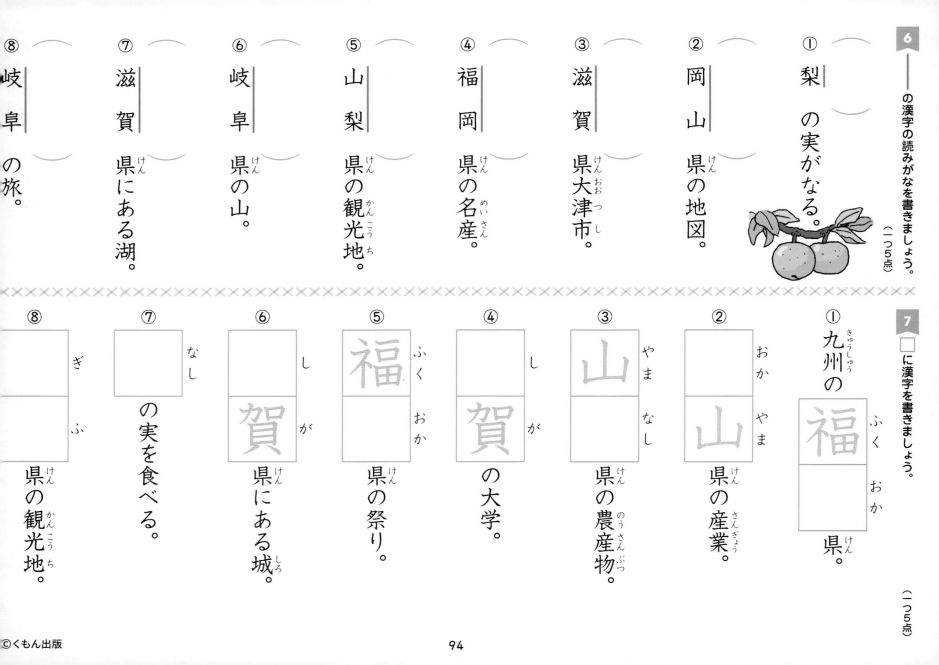

47 阪・奈・香・媛・佐

（1～5は全部書いて20点）

月　日

はじめ	時　分
終わり	時　分
かかった時間	分

名前

とく点　点

©くもん出版

1

① ゆびでなぞりましょう。

阪

読み方	阝	7画
（ハン）		
意味	・上り下りのある道	

② 「阪」を書きましょう。

阪　阝

③ □に「阪」を書きましょう。

大《おお》□《さか》府《ふ》。大《おお》□《さか》市《し》。

※「おおさか」はとくべつな読み。

2

① ゆびでなぞりましょう。

奈

読み方	大	8画
ナ		
意味	・野生のりんごの木	

② 「奈」を書きましょう。

奈　大

③ □に「奈」を書きましょう。

□《な》良《ら》県《けん》。神《か》□《な》川《がわ》県《けん》。

※「なら」はとくべつな読み。

※「かながわ」はとくべつな読み。

3

① ゆびでなぞりましょう。

香

読み方	香	9画
（コウ）（キョウ）か・かおり かおる		
意味	・よいにおい	

② 「香」を書きましょう。

香　禾

③ □に「香」を書きましょう。

花の□《かお》り。花が□《かお》る。

□《か》川《がわ》県《けん》。残《のこ》り□《が》。

4

① ゆびでなぞりましょう。

媛

読み方	女	12画
（エン）		
意味	・気品のある女の人・おひめさま	

② 「媛」を書きましょう。

媛　女

③ □に「媛」を書きましょう。

愛《え》□《ひめ》県《けん》。愛《え》□《ひめ》旅行。

※「えひめ」はとくべつな読み。

5

① ゆびでなぞりましょう。

佐

読み方	イ	7画
サ		
意味	・助ける	

② 「佐」を書きましょう。

佐　イ

③ □に「佐」を書きましょう。

補《ほ》□《さ》。□《さ》賀《が》県《けん》。

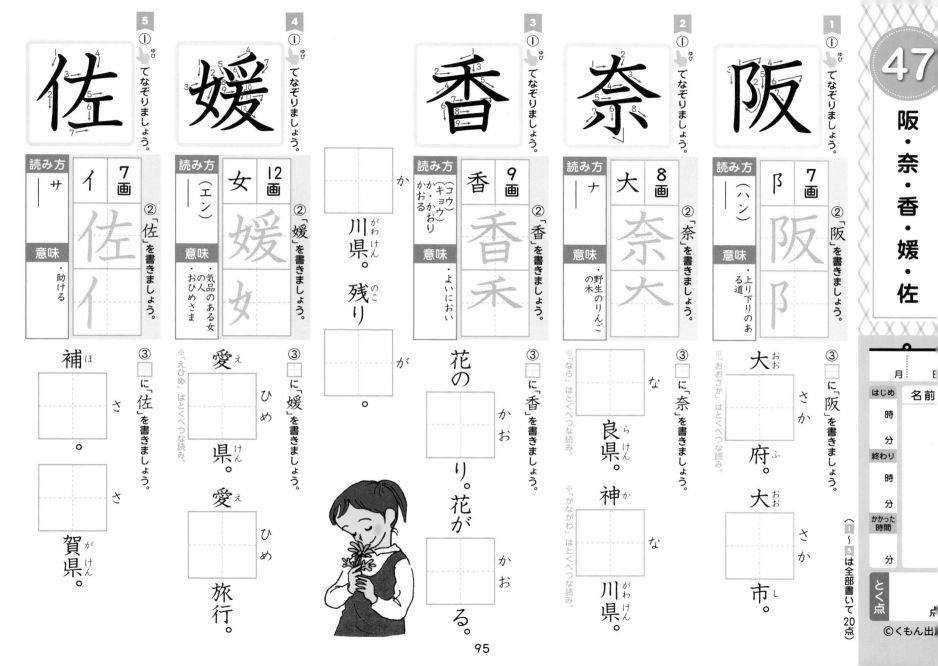

6 ――の漢字の読みがなを書きましょう。（一つ5点）

① ばらの花の香り。（　　）
② 大阪府《ふ》の知事。（　　）
③ 佐賀県《けん》のみやげ物。（　　）
④ 奈良県《けん》にある寺。（　　）
⑤ 香川県《けん》のうどん。（　　）
⑥ 大阪駅《えき》までの運賃《うんちん》。（　　）
⑦ 愛媛県《けん》を旅行する。（　　）
⑧ 梅《うめ》の花が香る。（　　）

7 □に漢字を、（　）に送りがなを書きましょう。（一つ5点）

① 大《おお》□《さか》府《ふ》の地図。
② ももの花の□（り）《かおり》。
③ □《さ》賀《が》県《けん》の特産品《とくさんひん》。
④ □《か》川《がわ》県《けん》の観光地《かんこうち》。
⑤ □《な》良《ら》県《けん》を通る鉄道。
⑥ 大《おお》□《さか》市内にとまる。
⑦ 母の残《のこ》り□《が》。
⑧ 愛《え》□《ひめ》県《けん》の松山城《まつやまじょう》。

©くもん出版

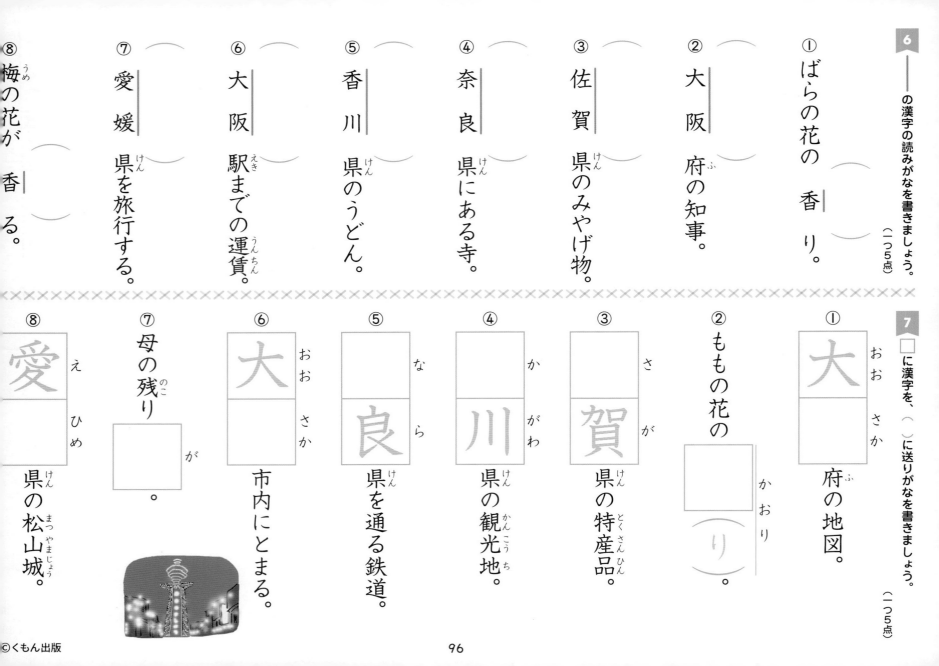

48 崎・熊・鹿・沖・縄

（1〜5は全部書いて20点）

月　日　名前

はじめ　時　分
終わり　時　分
かかった時間　分
とく点

1

① 指《ゆび》でなぞりましょう。

崎

② 「崎」を書きましょう。

山　11画

読み方：さき

意味：・りく地が海につき出た所

崎　山

③ □に「崎」を書きましょう。

長《なが》［さき］県《けん》。宮《みや》［ざき］県《けん》。

2

① 指《ゆび》でなぞりましょう。

熊（はねる）

② 「熊」を書きましょう。

灬　14画

読み方：くま

意味：・動物のくま

熊　能

③ □に「熊」を書きましょう。

［くま］の親子。［くま］本《もと》県《けん》。

3

① 指《ゆび》でなぞりましょう。

鹿

② 「鹿」を書きましょう。

鹿　11画

読み方：しか／か

意味：・動物のしか

鹿　广

③ □に「鹿」を書きましょう。

［しか］の子。［か］児《ご》島《しま》県《けん》。

※「かごしま」はとくべつな読み。

4

① 指《ゆび》でなぞりましょう。

沖

② 「沖」を書きましょう。

氵　7画

読み方：（チュウ）／おき

意味：・岸から遠くはなれた海上

沖　氵

③ □に「沖」を書きましょう。

［おき］に出る。［おき］合《あ》い。

［おき］

縄《なわ》県《けん》の首《しゅ》里《り》城《じょう》。

5

① 指《ゆび》でなぞりましょう。

縄

② 「縄」を書きましょう。

糸　15画

読み方：（ジョウ）／なわ

意味：・わらなどをより合わせて作ったひも

縄　糸

③ □に「縄」を書きましょう。

［なわ］とび。沖《おき》［なわ］県《けん》。

©くもん出版

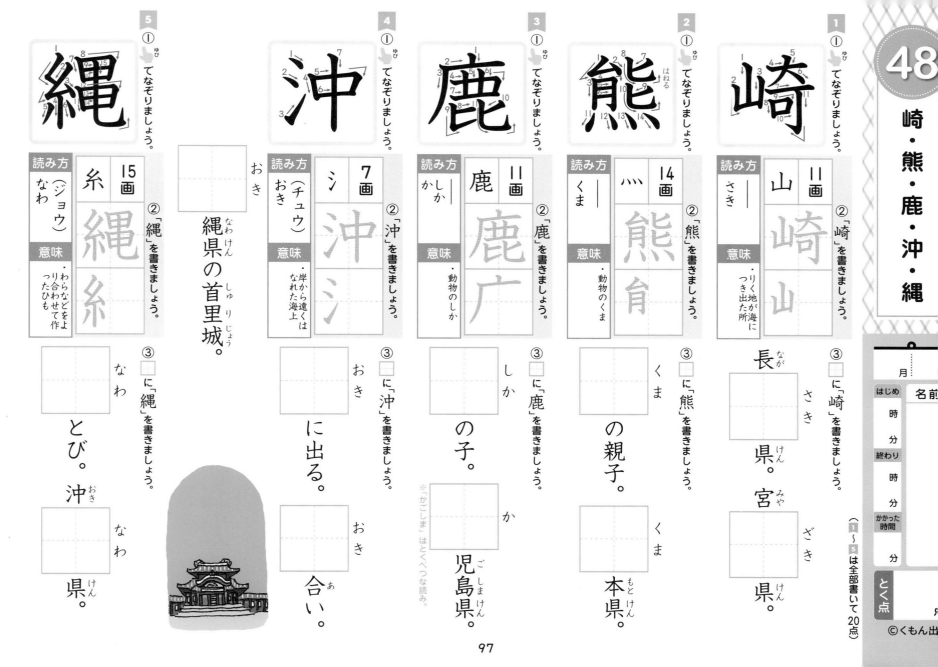

6 ――の漢字の読みがなを書きましょう。（一つ5点）

① 熊の親子。

② 鹿の赤ちゃん。

③ 縄とびをする。

④ 長崎の平和公園。

⑤ 熊本県《けん》の産業《さんぎょう》。

⑥ 沖合いの漁船《ぎょせん》。

⑦ 鹿児島県《けん》の農業。

⑧ 沖縄の美しい海。

7 □に漢字を書きましょう。（一つ5点）

① □《しか》の角。

② □《なわ》ばしごで下りる。

③ □《おき》に見える島。

④ □《くま》のほり物。

⑤ 海に近い長《なが》□《さき》空港。

⑥ □《くま》本《もと》城《じょう》が見える。

⑦ □《おき》□《なわ》県《けん》の天気。

⑧ □《か》児《ご》島《しま》県《けん》。

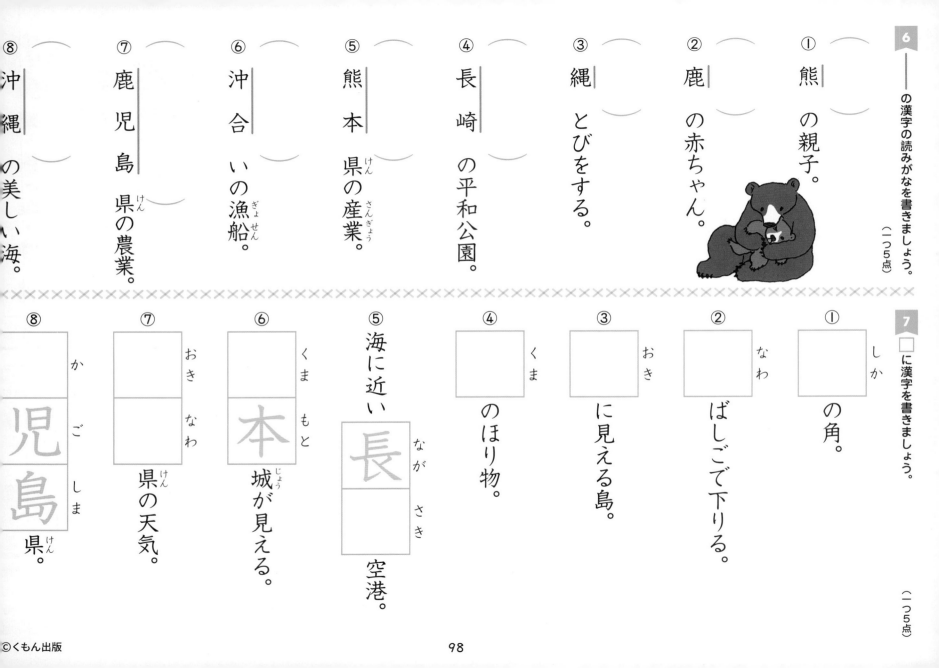

49 かくにんドリル⑫

月　日

はじめ　時　分
終わり　時　分
かかった時間　分

名前

とく点　点

©くもん出版

1 ――の漢字の読みがなを書きましょう。（一つ2点）

① 奈良の大仏《だいぶつ》。

② 長崎県《けん》の多くの島。

③ 滋賀県《けん》大津市《おおつし》。

④ 山地が多い山梨県《けん》。

⑤ 沖縄地方の気候《きこう》。

⑥ 埼玉県《けん》を通る鉄道。

⑦ ばらの香り。

⑧ 熊の親子。

⑨ 井戸の水。

⑩ 干《ひ》潟の生き物。

2 ――の漢字の読みがなを書きましょう。（一つ4点）

①
宮城県《けん》の平野。
城あとの公園。

②
鹿児島県《けん》の地図。
鹿のえさ。

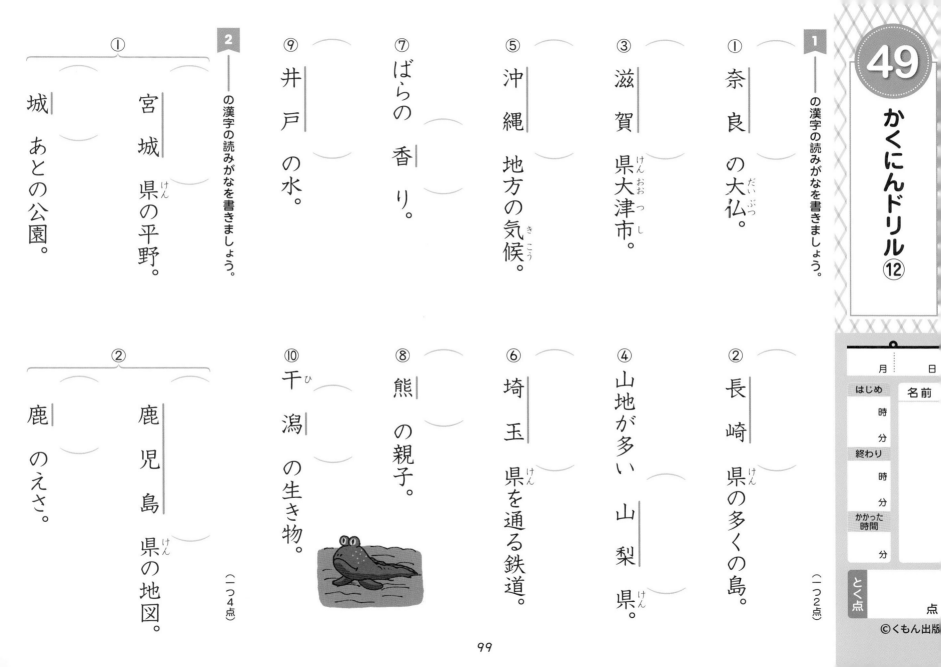

3 □に漢字を書きましょう。（一つ4点）

① □□《さいたま》県《けん》の人口。

② □□《かがわ》県《けん》高松《たかまつ》市《し》。

③ □□《おかやま》の後楽園《こうらくえん》。

④ 北関東《きたかんとう》の□□《とちぎ》県《けん》。

⑤ □□《いばらき》県《けん》水戸《みと》市《し》。

⑥ 九州の□□《さが》県《けん》。

⑦ □□《おおさか》府《ふ》の天気。

⑧ □□《みやざき》県《けん》の観光《かんこう》。

⑨ □□《ふくい》県《けん》の海岸線。

⑩ □□《ぎふ》県《けん》の山脈《さんみゃく》。

⑪ □□《やまなし》産《さん》の果物《くだもの》。

⑫ □□《にいがた》県《けん》の米作。

⑬ 四国《しこく》の□□《えひめ》県《けん》。

⑭ □□□《かごしま》県《けん》。

⑮ □□《くまもと》市《し》の地下水。

⑯ □□《おきなわ》の美しい海。

©くもん出版

50 3年生までのまちがえやすい漢字

月　日

はじめ　時　分

終わり　時　分

かかった時間　分

名前

とく点　点

©くもん出版

1 ――の漢字の読みがなを書きましょう。（一つ2点）

① 虫の羽音。

② 秋分の日。

③ 王様の家来。

④ 深海の魚。

⑤ 新緑の山。

⑥ 親しい友達《ともだち》。

⑦ 苦りきった顔。

⑧ コンパスを用いる。

⑨ 羊毛のセーター。

⑩ 外で昼食をとる。

⑪ 晴天の日が続《つづ》く。

⑫ 米作農家の生活。

2 ――の漢字の読みがなを書きましょう。（一つ3点）

①
ギリシャ神話。
神社の建物《たてもの》。

②
平気な顔をする。
平等に分ける。

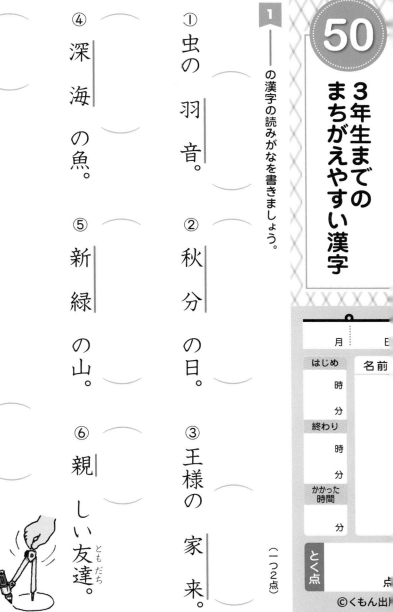

3 □に漢字を書きましょう。（一つ4点）

① 熊《くま》の□《とう》みん。

② 道具を□《もち》いる。

③ □□《しゅうぶん》の日。

④ 美しい□□《でんえん》風景《ふうけい》。

⑤ ねむ□《け》がする。

⑥ 月の□《なか》ばがすぎる。

⑦ □□《しょか》の日ざし。

⑧ 食べ物を□□《ちゅうもん》する。

4 の読み方をする漢字を□に書きましょう。（一つ4点）

① あ(く)

ドアが□く。

席《せき》が□く。

② や

赤い□根《ね》のいえ。

山の中の一《いっ》けん□。

③ タイ

反《はん》□の方向。

父と交《こう》□する。

④ まる(い)

□いボール。

□い形の葉っぱ。

©くもん出版

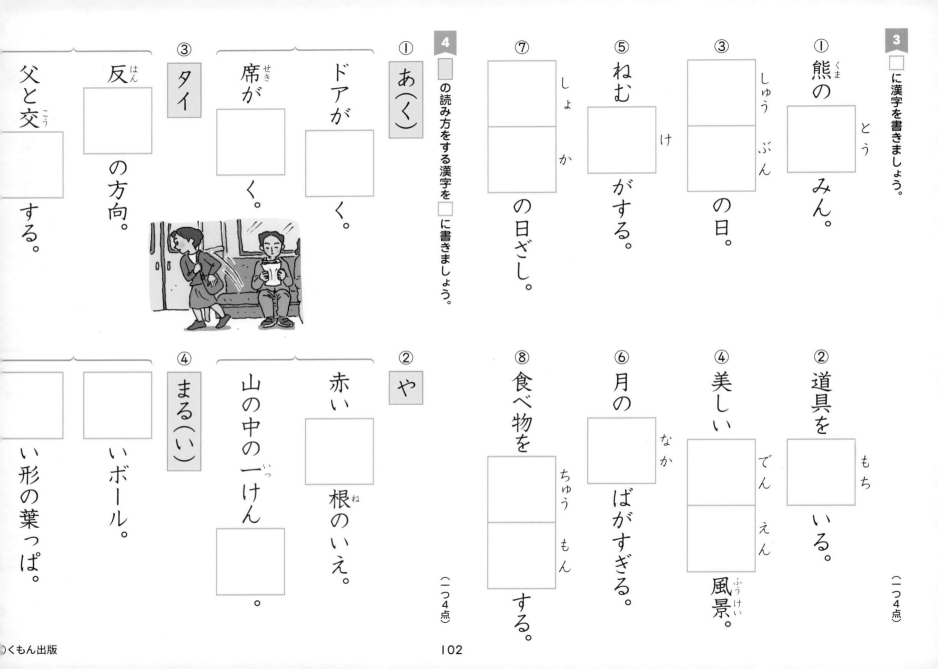

51 4年生のしんだんテスト①

★は、読み書きをまちがえやすい漢字です。

月　日

名前

はじめ　時　分

終わり　時　分

かかった時間　分

とく点　点

©くもん出

1 ——の漢字の読みがなを書きましょう。（一つ3点）

① ★照明を変《か》える。

② 失敗を反省する。

③ ★祝電を打つ。

④ 軍隊の訓練。

⑤ ゆう便の配達。

⑥ 天候の記録。

2 ——の漢字の読みがなを書きましょう。（一つ2点）

①
最★初が大切だ。
初もうでに行く。

②
★折をみて話す。
車が右折する。

③
★関所を通る。
親子の関係。

④
積極的な弟。
注目の的になる。

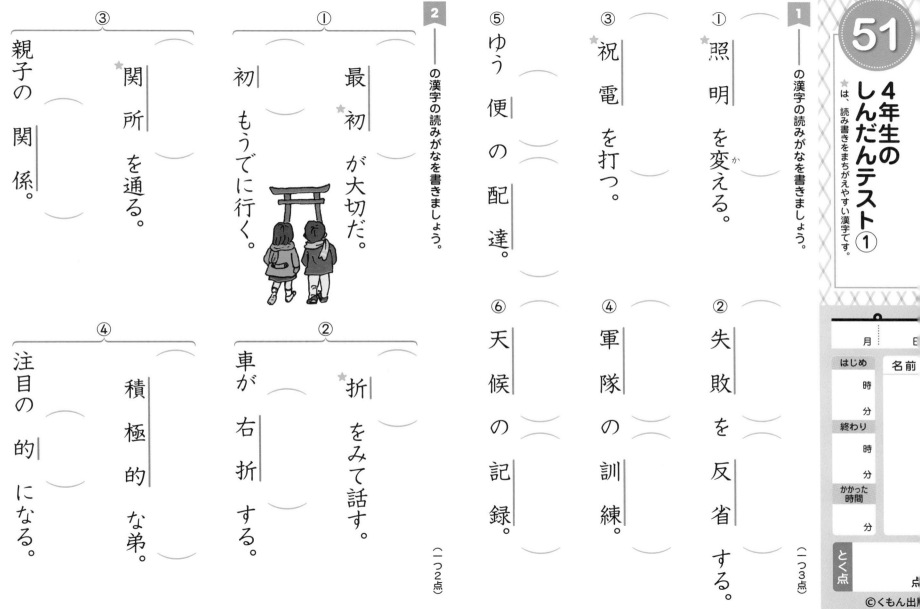

3 □に漢字を書きましょう。（一つ3点）

①□□《がっしょう》する曲。

②□□《さくじつ》の□□《やくそく》。

③★□□《ねったい》雨林。

④□□《じしん》をもって答える。

⑤★□《とも》に□《いわ》う。

⑥□□《どりょく》の□□《けっか》。

⑦式の□□《しかい》進行係。

4 □の読み方をする漢字を□に書きましょう。（一つ3点）

① グン
- 山《やま》形《がた》県《けん》最《も》上《がみ》□。
- □馬《ま》県《けん》。

② ケン
- ビルの□設《せつ》。
- □康《こう》な生活。

③ レイ
- 命《めい》□を守る。
- □ぞう庫《こ》。

④ キョウ
- □争《そう》する。
- 望《ぼう》遠《えん》□。

©くもん出版

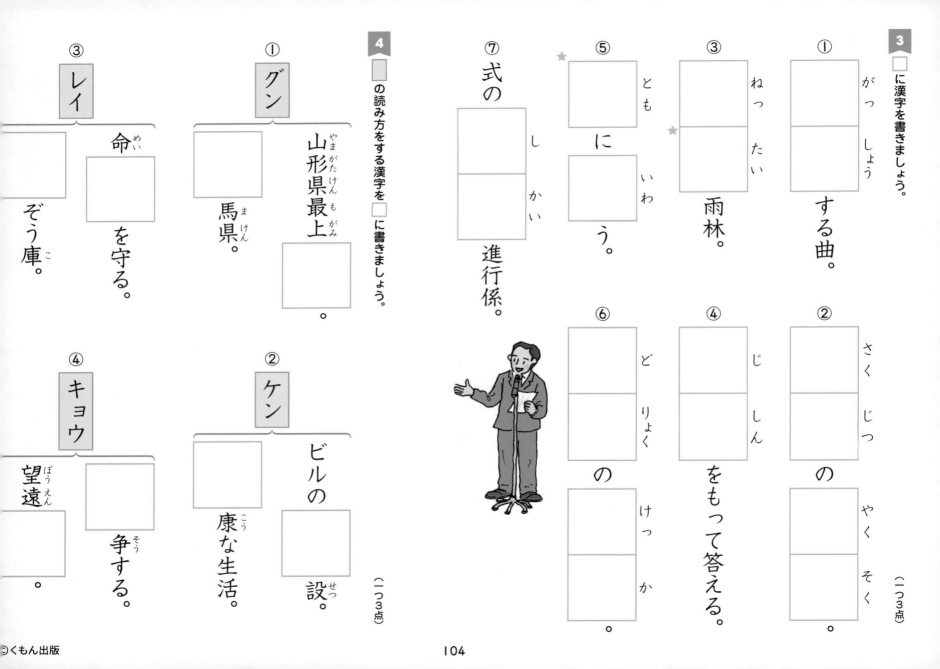

52 4年生のしんだんテスト②

★は、読み書きをまちがえやすい漢字です。

月　日

はじめ　時　分

終わり　時　分

かかった時間　分

名前

とく点　点

©くもん出版

1 ――の漢字の読みがなを書きましょう。（一つ3点）

① ★管楽器。

② 漢字の★成り立《た》ち。

③ 第《だい》一《いち》印象《しょう》。

④ ねこが屋根を★伝う。

⑤ 自然界《かい》の不思議。

⑥ 動物の種類。

⑦ 梅の観察。

⑧ 強い願望。

2 ――の漢字の読みがなを書きましょう。（一つ2点）

①
月末の予定。
考えた★末のこと。

②
三角形の辺の長さ。
市役所の辺り。

③
ねじを調節する。
人生の節目。

④
箱の側面。
川岸の右側。

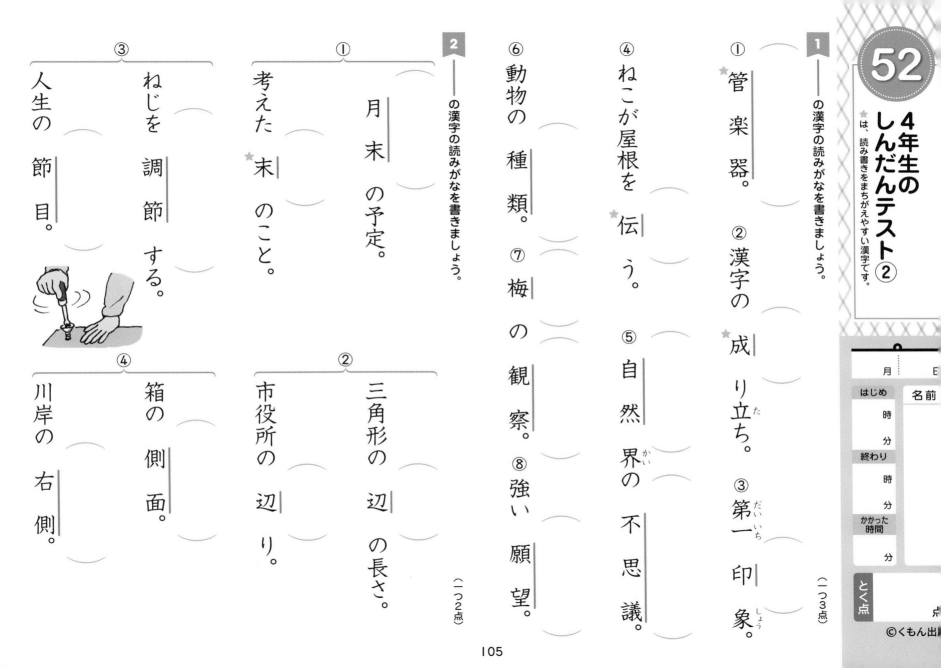

3 □に漢字を書きましょう。（一つ3点）

★① □《はた》をふる。

② □□《そうこ》に荷物を★□《つ》む。

③ □□《えいご》を話す。

④ かさを□《か》りる。

⑤ □□《かくじ》が□□《ひつよう》なものをそろえる。

⑥ 工作□□《きかい》の□□《かんせい》。

⑦ くもの□《す》。

4 □の読み方をする漢字を□に書きましょう。（一つ3点）

① セイ
- □書《しょ》した作文。
- □止《し》画ぞう。

② サン
- 近所を□歩《ぽ》する。
- □地《ち》直送の野《や》菜《さい》。

③ フ
- 家の★□近《きん》。
- 京《きょう》都《と》□。

④ ヒョウ
- 目《もく》□が高い。
- 投《とう》□箱《ばこ》。

くもん出版

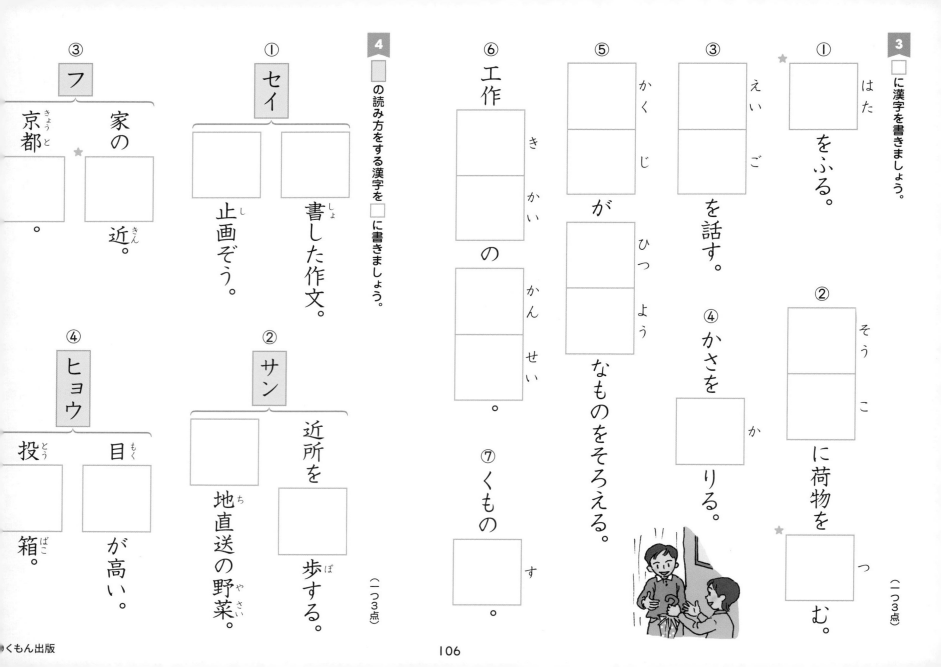

答え

- （ ）は、べつの答えです。
- 〈 〉は、まだ学習していない漢字です。
- 「漢字の練習」のおもてページ1～5（1～6）は、答えをはぶいています。
- 4年生までに習わない漢字や読み方は、答えとしてあつかっていません。

1 司・各・周・共・折 3・4ページ

6 ①お ②きょうつう ③とも ④まわ ⑤しゅう ⑥かくち ⑦しかい ⑧おり ⑨させつ

7 ①各地 ②司会 ③左折 ④共通 ⑤周り ⑥周〈辺〉 ⑦折 ⑧共 ⑨折

2 札・好・固・芸・英 5・6ページ

6 ①がくげいかい ②こうぶつ ③す ④なふだ ⑤さつ ⑥こてい ⑦かた ⑧えいご ⑨この

7 ①固める ②名札 ③好む ④固定 ⑤学芸会 ⑥英語 ⑦好 ⑧札 ⑨好物

3 完・成・功・改・良・仲 7・8ページ

7 ①かんせい ②な ③あらた ④かいりょう ⑤なかま ⑥りょうしん ⑦せいこう ⑧なかよ

8 ①成功 ②改める ③良心 ④完成 ⑤改良 ⑥仲間 ⑦仲良 ⑧成

4 かくにんドリル① 9・10ページ

1 ①かんせい ②かくち ③こてい ④しかい ⑤す ⑥しゅう

2 ①{きょうつう / とも} ②{りょうしん / なかよ} ③{さつ / なふだ} ④{させつ / おり}

3 ①仲間 ②学芸会 ③成功 ④好物 ⑤司会 ⑥改良 ⑦英語 ⑧成 ⑨札

4 ①周り ②改める ③好む ④固める ⑤折れる

5 結・果・末・未・満・祝 11・12ページ

7 ①みらい ②ねんまつ・しゅくじつ ③すえ ④いわ ⑤むす ⑥まんぞく・けっか ⑦み ⑧は

8 ①果たす ②満ちる ③結ぶ ④未来 ⑤祝い ⑥満・結果 ⑦末・祝 ⑧末

6 伝・説・約・束・参・加 13・14ページ

7 ①はなたば ②やくそく ③まい ④でんせつ ⑤さんか ⑥と ⑦つた ⑧くわ

8 ①参加 ②約束 ③伝説 ④加える ⑤伝わる ⑥参り ⑦花束 ⑧説

7 昨・以・笑・最・初 15・16ページ

6 ①わら ②はじ ③いじょう ④もっと ⑤さいしょ ⑥さくねん ⑦いぜん ⑧はつゆき

7 ①最初 ②昨年 ③以前 ④初雪 ⑤初めて ⑥以上 ⑦最も ⑧笑う

8 かくにんドリル② 17・18ページ

1 ①さんこう ②わら ③まんぞく ④せいか ⑤でんせつ ⑥さんか

2 ①{けっそく / はなたば} ②{さいしょ / もっと} ③{ねんまつ / すえ} ④{せつめい / と}

3 ①未来 ②笑 ③祝日 ④昨年 ⑤果 ⑥約束 ⑦以上 ⑧参

4 ①加える ②初めて ③結ぶ ④伝わる ⑤満ちる ⑥祝い

9 材・料・特・別・辺 19・20ページ

6 ①りょうり・ざいりょう ②くべつ ③しゅざい ④わか ⑤べ ⑥きんぺん ⑦あた ⑧とくべつ

7 ①辺り ②特別 ③海辺 ④近辺 ⑤取材 ⑥料・材料 ⑦区別 ⑧別れる

10 欠・席・街・灯・辞・典 21・22ページ

7 ①か ②せき ③しょうてんがい ④まちかど ⑤けっせき ⑥でんとう ⑦じてん ⑧じてん

8 ①電灯 ②街角 ③席 ④欠席 ⑤事典 ⑥辞典 ⑦商店街 ⑧欠ける

11 泣・治・法・浴・牧 23・24ページ

6 ①ぼくそう ②おさ ③ほうほう ④よくしつ ⑤な ⑥ち ⑦あ ⑧なお ⑨めいじ

7 ①浴びる ②治る ③治める ④明治 ⑤牧草 ⑥方法 ⑦浴室 ⑧泣 ⑨治

12 かくにんドリル③ 25・26ページ

1 ①じてん ②ざいりょう ③よくしつ ④けっせき ⑤ぼくそう ⑥ほうほう

2 ①べ／あた ②めいじ／おさ ③がいとう／まちかど ④とくべつ／わか

3 ①方法 ②辞典 ③電灯 ④牧草 ⑤取材 ⑥泣 ⑦料理 ⑧近辺 ⑨特別 ⑩商店街

4 ①欠ける ②浴びる ③治る ④別れる

13 印・刷・必・要・求・貨 27・28ページ

7 ①かなめ ②ひつよう ③きゅうじん ④もと ⑤す ⑥かなら・しるし ⑦いんさつ ⑧いん ⑨かもつ

8 ①求める ②要 ③刷 ④必ず・印 ⑤貨物 ⑥印刷 ⑦求人 ⑧必要 ⑨印

14 季・節・希・望・覚 29・30ページ

6 ①おぼ ②きせつ ③ぼうえん〈きょう〉 ④さ ⑤ふしめ ⑥のぞ ⑦かんかく ⑧きぼう

7 ①季節 ②希望 ③覚める ④望む⑤覚える ⑥望遠〈鏡〉 ⑦節目 ⑧感覚

15 便・利・副・試・験 31・32ページ

6 ①こころ ②ふくかいちょう ③しあい ④べんり ⑤りよう ⑥しけん ⑦びん ⑧たよ

7 ①便 ②利用 ③便り ④試みる ⑤試合 ⑥副会長 ⑦便利 ⑧試験

16 かくにんドリル④ 33・34ページ

1 ①ようてん ②かもつ ③きゅうじん ④ぼうえん ⑤りよう ⑥びん

2 ①いん／しるし ②いんさつ／す ③かんかく／さ ④ちょうせつ／ふしめ

3 ①季節 ②副会長 ③希望 ④必要 ⑤覚 ⑥試験 ⑦要 ⑧便利

4 ①求める ②必ず ③覚える ④試みる ⑤便り ⑥望む

17 付・府・官・管・給 35・36ページ

6 ①ふ ②つ ③しけんかん ④かん ⑤きゅうしょく ⑥ふきん ⑦きゅうりょう ⑧くだ

7 ①管 ②付ける ③給食 ④給料 ⑤府 ⑥試験管 ⑦官 ⑧付近

18 令・冷・建・健・康 37・38ページ

6 ①けんこう ②めいれい ③つめ ④さ ⑤けん〈せつ〉 ⑥た ⑦ひ ⑧〈ほ〉けんしつ ⑨かんれい

7 ①冷える ②冷める ③健康 ④命令 ⑤寒冷 ⑥〈保〉健室 ⑦冷たい ⑧建てる ⑨建〈設〉

19 労・働・選・挙・訓・課 39・40ページ

7 ①くろう ②くん ③ほうかご ④はたら ⑤あ ⑥えら ⑦ろうどう ⑧せんきょ

8 ①選ぶ ②働く ③挙げる ④放課後

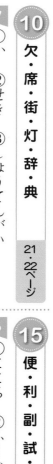

20 かくにんドリル⑤ 41・42ページ

1 ①かん ②きゅうしょく ③さ ④ほうかご ⑤ふきん ⑥た ⑦くん ⑧けんこう ⑨ろうどう ⑩せんきょ

2 ①{かんれい／つめ} ②{しけんかん／くだ}

3 ①訓練 ②選手 ③苦労 ④府 ⑤建 ⑥健康 ⑦命令 ⑧放課後

4 ①冷える ②選ぶ ③付ける ④建てる ⑤挙げる ⑥働く

21 松・梅・案・芽・菜 43・44ページ

6 ①しょうちくばい ②まつ ③うめ ④あんない ⑤め ⑥やさい ⑦はつが ⑧な ⑨ばいう

7 ①梅 ②菜 ③案内 ④芽 ⑤野菜 ⑥松 ⑦梅雨 ⑧松竹梅 ⑨発芽

22 衣・兵・軍・隊・戦・争 45・46ページ

7 ①せんそう ②へいたい ③ぐんたい ④ぐんて ⑤さくせん ⑥あらそ ⑦たたか ⑧いふく

8 ①作戦 ②軍隊 ③衣服 ④戦う ⑤争う ⑥戦争 ⑦隊列 ⑧兵隊

23 位・置・機・械・飛 47・48ページ

6 ①お ②ひこうき ③いち ④〈き〉かい ⑤くらい ⑥きかい ⑦きかい ⑧と

7 ①位 ②位置 ③置 ④飛 ⑤〈器〉械 ⑥機械 ⑦飛行機 ⑧機会

24 かくにんドリル⑥ 49・50ページ

1 ①へいたい ②ぐんて ③さくせん ④ひこうき ⑤いち ⑥あんない

2 ①{やさい／な} ②{しょうちくばい／まつ} ③{ばいう／うめ} ④{はつが／め}

3 ①軍隊 ②案内 ③機械 ④野菜 ⑤戦争 ⑥衣服 ⑦兵隊 ⑧発芽 ⑨梅 ⑩位 ⑪置 ⑫飛

---

4 ①戦う ②争う

25 例・信・候・借・側 51・52ページ

6 ①てんこう ②みぎがわ ③じしん ④しゃくよう ⑤か ⑥そくめん ⑦れい ⑧たと

7 ①借りる ②例えば ③自信 ④天候 ⑤借用 ⑥例 ⑦側面 ⑧右側

26 径・徒・徳・老・児・孫 53・54ページ

7 ①どうとく ②お ③ろうじん・まご ④ちょっけい ⑤とくしま ⑥しそん ⑦せいと ⑧じどう

8 ①生徒 ②直径 ③児童 ④子孫 ⑤老 ⑥徳島 ⑦道徳 ⑧老人・孫

27 栄・養・不・議・省 55・56ページ

6 ①えいよう ②はんせい ③ふしぎ ④さか ⑤やしな ⑥はぶ ⑦しょう〈りゃく〉 ⑧ぶ〈かっ〉こう

7 ①不思議 ②不〈格〉好 ③省く ④養う ⑤栄える ⑥栄養 ⑦反省 ⑧省〈略〉

28 かくにんドリル⑦ 57・58ページ

1 ①えいよう ②ふしぎ ③てんこう ④はんせい ⑤れい ⑥しゃくよう ⑦ろうじん

2 ①{しそん／まご} ②{しょう／はぶ} ③{そくめん／みぎがわ}

3 ①不 ②徳島 ③生徒 ④直径 ⑤自信 ⑥側面 ⑦気候 ⑧不思議 ⑨児童 ⑩老

4 ①例えば ②借りる ③養う ④栄える

29 夫・失・敗・連・続 59・60ページ

6 ①ふじん ②しっぱい ③うしな ④つづ ⑤つら ⑥やぶ ⑦れんぞく ⑧おっと・つ

7 ①連続 ②夫人 ③失敗 ④夫・連 ⑤続く ⑥連なる ⑦敗れる ⑧失う

30 億・兆・倉・変・氏・民 61・62ページ

7 ①しめい ②そうこ ③おくまん
④くら ⑤ぜんちょう ⑥へんか
⑦こうみんかん ⑧か

8 ①公民館 ②変わる ③変化 ④氏名
⑤倉庫 ⑥前兆 ⑦億 ⑧倉

31 低・底・単・巣・票・標 63・64ページ

7 ①もくひょう ②とうひょう ③ひく
④かいてい ⑤すばこ ⑥たんい
⑦そこ ⑧ていがくねん

8 ①低い ②投票 ③底 ④低学年
⑤単位 ⑥海底 ⑦目標 ⑧巣箱

32 かくにんドリル⑧ 65・66ページ

1 ①つ ②ぜんちょう ③へんか
④ていがくねん ⑤ひょうほん
⑥こうみんかん

2 ①ふじん／おっと ②しょうはい／やぶ
③かいてい／そこ ④そうこ／くら

3 ①失敗 ②連続 ③億 ④投票
⑤目標 ⑥巣 ⑦氏名 ⑧単位

4 ①変わる ②低い ③失う
④連なる ⑤続く

ポイント

4 ①「変わる」、③「失う」、④「連なる」は、送りがなをまちがえやすいので、正しい送りがなを覚《おぼ》えましょう。

33 種・類・観・察・害・富 67・68ページ

7 ①がいちゅう ②かんこうち ③たね
④ぶんるい ⑤しゅるい ⑥ふ
⑦かんさつ ⑧たぐ ⑨とみ

8 ①分類 ②種類 ③観光地 ④富山
⑤類い ⑥観察 ⑦公害 ⑧富 ⑨種

34 積・極・的・浅・残・念 69・70ページ

7 ①めんせき ②しょうきょくてき
③きねん ④のこ ⑤まと ⑥つ
⑦ざんねん ⑧せっきょくてき ⑨あさ

8 ①消極的 ②残念 ③残る
④積もる ⑤面積 ⑥浅い ⑦積極的
⑧記念 ⑨的

35 熱・帯・包・関・陸 71・72ページ

6 ①つつ ②お ③せきしょ
④ねったい・かか ⑤おび ⑥かんけい
⑦あつ ⑧りくち ⑨ほうたい

7 ①包む ②熱い ③帯びる ④陸地
⑤熱帯・関 ⑥包帯 ⑦関係 ⑧帯
⑨関所

36 かくにんドリル⑨ 73・74ページ

1 ①あさ ②ねったい ③ざんねん
④めんせき ⑤かんこうち
⑥がいちゅう

2 ①せっきょくてき／まと ②かんけい／せきしょ
③しゅもく／たね ④ふ／とみ

3 ①熱 ②包帯 ③記念 ④陸地
⑤関 ⑥観察 ⑦種類 ⑧富山

4 ①包む ②残る ③積もる
④帯びる ⑤類い

37 努・勇・塩・散・産・景 75・76ページ

7 ①こうけい ②つと ③しお・さんち
④さんぽ ⑤ゆうき ⑥う ⑦いさ
⑧ち ⑨えんぶん

8 ①努力 ②散 ③塩・産地 ④塩分
⑤風景 ⑥勇ましい ⑦産まれる
⑧努める ⑨散歩

38 唱・器・臣・郡・群 77・78ページ

6 ①だいじん ②かしん ③ぐん ④とな ⑤むら ⑥がっき ⑦ぐんま ⑧がっしょう

7 ①楽器 ②群 ③郡 ④合唱 ⑤唱える ⑥群 ⑦大臣 ⑧家臣

39 愛・協・卒・博・差・達 79・80ページ

7 ①はいたつ ②はくぶつかん ③こうさてん ④あい ⑤さ ⑥そつぎょう ⑦はったつ ⑧きょうりょく

8 ①愛 ②配達 ③博物館 ④交差点 ⑤発達 ⑥協力 ⑦差 ⑧卒業

40 かくにんドリル⑩ 81・82ページ

1 ①さんち ②はいたつ ③かしん ④むら ⑤どりょく ⑥ち ⑦がっき ⑧がっしょう ⑨きょうりょく ⑩えんぶん ⑪ゆうき ⑫こうさてん ⑬こうけい ⑭はくぶつかん

2 ①差 ②大臣 ③群馬 ④塩 ⑤楽器 ⑥愛 ⑦郡 ⑧博物館 ⑨散歩 ⑩卒業

3 ①産まれる ②唱える ③努める ④勇ましい

41 照・漁・清・静・量・賀 83・84ページ

7 ①しょうめい・て ②ぎょぎょう ③たいりょう ④はか ⑤ぶんりょう ⑥が ⑦しず・せいしょ ⑧きよ ⑨あんせい

8 ①年賀 ②安静 ③照・照らす ④分量 ⑤大漁 ⑥清い ⑦静か・清 ⑧量る ⑨漁業

42 焼・然・無・輪・飯 85・86ページ

6 ①しぜん ②はん・や ③いちりんしゃ ④てんねん ⑤な ⑥ぶじ ⑦むり ⑧わ ⑨めし

7 ①輪 ②一輪車 ③飯 ④無 ⑤飯・焼 ⑥無理 ⑦無事 ⑧自然 ⑨天然

43 旗・録・鏡・順・願・競 87・88ページ

7 ①かがみ ②はた ③じゅんい・きろく ④がんぼう ⑤ねが ⑥こっき ⑦ぼうえんきょう ⑧きょうそう ⑨けいば

8 ①願う ②望遠鏡 ③願望 ④順・録 ⑤競走 ⑥競馬 ⑦鏡 ⑧国旗 ⑨旗

44 かくにんドリル⑪ 89・90ページ

1 ①ぎょぎょう ②たいりょう ③しょうめい ④きょうそう ⑤しぜん ⑥せいしょ

2 ①{いちりんしゃ／わ} ②{ぼうえんきょう／かがみ} ③{はん／めし} ④{こっき／はた}

3 ①記録 ②安静 ③天然 ④年賀 ⑤順位 ⑥願望 ⑦分量 ⑧無理 ⑨焼 ⑩照

4 ①願う ②量る ③静か ④清い

ポイント

3 ⑨「焼」の「尭」は、書きまちがえやすいので、正しい字形をしっかり覚《おぼ》えましょう。

45 茨・城・栃・埼・潟・井 91・92ページ

7 ①がた ②しろ ③とち ④いど ⑤じょうかまち ⑥さいたま ⑦ふくい ⑧いばらき

8 ①城 ②埼玉 ③井戸 ④茨城 ⑤福井 ⑥栃木 ⑦城下町 ⑧新潟

46 梨・岐・阜・岡・滋 93・94ページ

6 ①なし ②おかやま ③しが ④ふくおか ⑤やまなし ⑥ぎふ ⑦しが ⑧ぎふ

7 ①福岡 ②岡山 ③山梨 ④滋賀 ⑤福岡 ⑥滋賀 ⑦梨 ⑧岐阜

47 阪・奈・香・媛・佐 95・96ページ

6 ①かお ②おおさか ③さが ④なら ⑤かがわ ⑥おおさか ⑦えひめ ⑧かお

7 ①大阪 ②香り ③佐賀 ④香川 ⑤奈良 ⑥大阪 ⑦香 ⑧愛媛

48 崎・熊・鹿・沖・縄 97・98ページ

6 ①くま ②しか ③なわ ④ながさき ⑤くまもと ⑥おきあ ⑦かごしま ⑧おきなわ

7 ①鹿 ②縄 ③沖 ④熊 ⑤長崎 ⑥熊本 ⑦沖縄 ⑧鹿児島

49 かくにんドリル⑫ 99・100ページ

1 ①なら ②ながさき ③しが ④やまなし ⑤おきなわ ⑥さいたま ⑦かお ⑧くま ⑨いど ⑩がた

2 ①みやぎ・しろ ②かごしま・しか

3 ①埼玉 ②香川 ③岡山 ④栃木 ⑤茨城 ⑥佐賀 ⑦大阪 ⑧宮崎 ⑨福井 ⑩岐阜 ⑪山梨 ⑫新潟 ⑬愛媛 ⑭鹿児島 ⑮熊本 ⑯沖縄

50 3年生までのまちがえやすい漢字 101・102ページ

1 ①はおと ②しゅうぶん ③けらい ④しんかい ⑤しんりょく ⑥した ⑦にが ⑧もち ⑨ようもう ⑩ちゅうしょく ⑪せいてん ⑫べいさく

2 ①しんわ・じんじゃ ②へいき・びょうどう

3 ①冬 ②用 ③秋分 ④田園 ⑤気 ⑥半 ⑦初夏 ⑧注文

4 ①開・空 ②屋・家 ③対・代 ④丸・円

51 4年生のしんだんテスト① 103・104ページ

1 ①しょうめい ②しっぱい・はんせい ③しゅくでん ④ぐんたい・くんれん ⑤びん・はいたつ ⑥てんこう・きろく

2 ①さいしょ・はつ ②おり・うせつ ③せきしょ・かんけい ④せっきょくてき・まと

3 ①合唱 ②昨日・約束 ③熱帯 ④自信 ⑤共・祝 ⑥努力・結果 ⑦司会

4 ①郡・群 ②建・健 ③令・冷 ④競・鏡

ポイント

4 ①「郡」と「群」は、形もよくにているので、使い方のちがいを覚《おぼ》えましょう。
「郡」…郡部《ぐんぶ》・愛知県知多郡《あいちけんちたぐん》
「群」…魚群《ぎょぐん》・群集《ぐんしゅう》

52 4年生のしんだんテスト② 105・106ページ

1 ①かんがっき ②な ③いん ④つた ⑤しぜん・ふしぎ ⑥しゅるい ⑦うめ・かんさつ ⑧がんぼう

2 ①げつまつ・すえ ②へん・あた ③ちょうせつ・ふしめ ④そくめん・みぎがわ

3 ①旗 ②倉庫・積 ③英語 ④借 ⑤各自・必要 ⑥機械・完成 ⑦巣

4 ①清・静 ②散・産 ③付・府 ④標・票

ポイント

4 ①「清」と「静」は、「青」という同じ部分がある漢字です。使い方のちがいを覚《おぼ》えましょう。
「清」…清書《せいしょ》・清流《せいりゅう》
「静」…静止《せいし》・安静《あんせい》

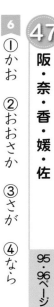

つまずきかい決

小学ドリル

漢字カード

4年生

使い方

・点線で切り取ってカードにしましょう。

・カードをひっくり返して答え合わせができます。

くもん出版

形がにている漢字

——の読み方を答えましょう。

・礼ぎ正しくする。

・名《な》札を付《つ》ける。

形がにている漢字

——の読み方を答えましょう。

・季節《せつ》がすぎる。

・図書委員《いん》になる。

形がにている漢字

——の読み方を答えましょう。

・元気なご老人《じん》。

・文章を考える。

形がにている漢字

——の読み方を答えましょう。

・けい察《さつ》官になる。

・りっぱな宮でん。

形がにている漢字

——の読み方を答えましょう。

・年《ねん》末に神社へ行く。

・未来《らい》の町づくり。

形がにている漢字

——の読み方を答えましょう。

・単三《さん》電池を買う。

・つばめが巣を作る。

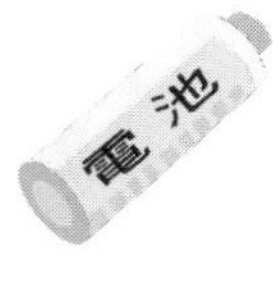

形がにている漢字

——の読み方を答えましょう。

・コンサートの席を取る。

・お湯の温《おん》度を上げる。

形がにている漢字

◆——を漢字で書きましょう。

・元気なごろう人《じん》。

・文章をかんがえる。

形がにている漢字

◆——を漢字で書きましょう。

・き節《せつ》がすぎる。

・図書い員《いん》になる。

形がにている漢字

◆——を漢字で書きましょう。

・れいぎ正しくする。

・名《な》ふだを付《つ》ける。

小学ドリル

つまずきかい決

漢字カード

形がにている漢字は
まちがえやすいので、
読み方や使い方をしっかり
覚《おぼ》えよう！

4年生

くもん出版

形がにている漢字

◆——を漢字で書きましょう。

・コンサートのせきを取る。

・お湯の温《おん》どを上げる。

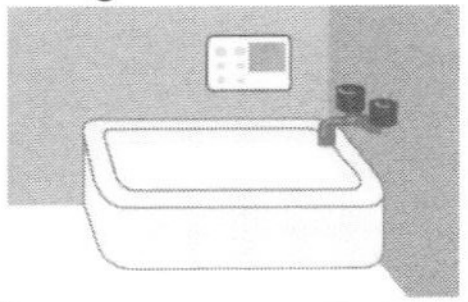

形がにている漢字

◆——を漢字で書きましょう。

・たん三《さん》電池を買う。

・つばめがすを作る。

形がにている漢字

◆——を漢字で書きましょう。

・年《ねん》まつに神社へ行く。

・み来《らい》の町づくり。

形がにている漢字

◆——を漢字で書きましょう。

・けい察《さつ》かんになる。

・りっぱなきゅうでん。

小学ドリル

つまずきかい決 漢字カード

使い方

・点線で切り取ってカードにしましょう。

・カードをひっくり返して答え合わせができます。

4年生

くもん出版

同じ読み方の漢字

——の読み方を答えましょう。

・弟が転んで泣く。

・うぐいすが鳴く。

同じ読み方の漢字

——の読み方を答えましょう。

・池の周りを歩く。

・回り道をする。

同じ読み方の漢字

——の読み方を答えましょう。

・熱いスープを飲む。

・暑い日が続《つづ》く。

同じ読み方の漢字

——の読み方を答えましょう。

・実の色が変わる。

・当番を代わる。

同じ読み方の漢字

——の読み方を答えましょう。

・さとうの重さを量る。

・タイムを計る。

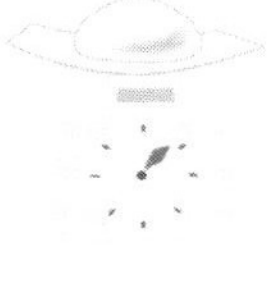

同じ読み方の漢字

——の読み方を答えましょう。

・郡部《ぶ》の町や村に住む。

・鳥の大《たい》群が飛《と》ぶ。

同じ読み方の漢字

——の読み方を答えましょう。

・国《こっ》旗を立てる。

・学《がっ》期末《まつ》テストを受ける。

小学ドリル

つまずきかい決

漢字カード

同じ読み方の漢字はまちがえやすいので、使い方や意味のちがいをしっかり覚《おぼ》えよう!

4年生

くもん出版

同じ読み方の漢字

◆——を漢字で書きましょう。

・あついスープを飲む。

・あつい日が続《つづ》く。

同じ読み方の漢字

◆——を漢字で書きましょう。

・池のまわりを歩く。

・まわり道をする。

同じ読み方の漢字

◆——を漢字で書きましょう。

・弟が転んでなく。

・うぐいすがなく。

同じ読み方の漢字

◆——を漢字で書きましょう。

・国《こっ》きを立てる。

・学《がっ》き末《まつ》テストを受ける。

同じ読み方の漢字

◆——を漢字で書きましょう。

・ぐん部《ぶ》の町や村に住む。

・鳥の大《たい》ぐんが飛《と》ぶ。

同じ読み方の漢字

◆——を漢字で書きましょう。

・さとうの重さをはかる。

・タイムをはかる。

同じ読み方の漢字

◆——を漢字で書きましょう。

・実の色がかわる。

・当番をかわる。

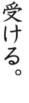

小学ドリル

つまずきかい決 漢字カード

使い方

・点線で切り取ってカードにしましょう。

・カードをひっくり返して答え合わせができます。

4年生

くもん出版

同音いぎ語

——の読み方を答えましょう。

・日曜と土曜以外は学校に行く。

・意外な特《とく》ぎがある。

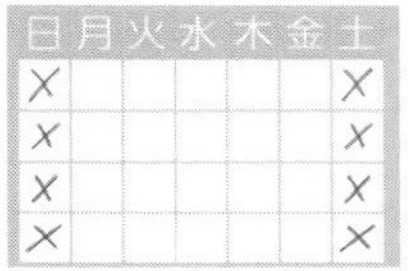

同音いぎ語

——の読み方を答えましょう。

・歴史《れきし》に関心をもつ。

・ごみを拾って感心される。

同音いぎ語

——の読み方を答えましょう。

・機械工業に関《かか》わる。

・器械体そう。

同音いぎ語

——の読み方を答えましょう。

・消化器官を調べる。

・息が気管を通る。

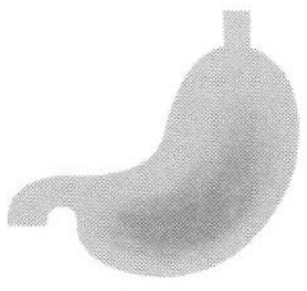

同音いぎ語

——の読み方を答えましょう。

・早起きの競争をする。

・百メートル競走の選手《せんしゅ》。

同音いぎ語

——の読み方を答えましょう。

・国語辞典を借《か》りる。

・百科事典を買う。

同音いぎ語

——の読み方を答えましょう。

・自然《しぜん》科学の研究。

・化学反のうをしめす。

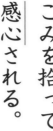

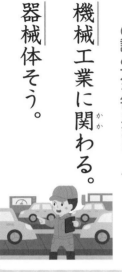

同音いぎ語

◇——を漢字で書きましょう。

・きかい工業に関《かか》わる。

・きかい体そう。

同音いぎ語

◇——を漢字で書きましょう。

・歴史《れきし》にかんしんをもつ。

・ごみを拾ってかんしんされる。

同音いぎ語

◇——を漢字で書きましょう。

・日曜と土曜いがいは学校に行く。

・いがいな特《とく》ぎがある。

小学ドリル

つまずきかい決

漢字カード

同じ読み方の言葉（同音いぎ語）はまちがえやすいので、使い方や意味のちがいをしっかり覚《おぼ》えよう！

4年生

くもん出版

同音いぎ語

◇——を漢字で書きましょう。

・自然《しぜん》かがくの研究。

・かがく反のうをしめす。

同音いぎ語

◇——を漢字で書きましょう。

・国語じてんを借《か》りる。

・百科じてんを買う。

同音いぎ語

◇——を漢字で書きましょう。

・早起きのきょうそうをする。

・百メートルきょうそうの選手《せんしゅ》。

同音いぎ語

◇——を漢字で書きましょう。

・消化きかんを調べる。

・息がきかんを通る。

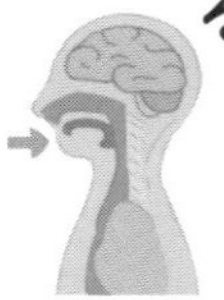

小学漢字に強くなる字典

小学校で学ぶ全1026字

たくさんの例文・熟語で、漢字の意味や使い方がよくわかります。
作文やことば調べなどの宿題に大かつやく。
なかまコーナーが学年をこえて漢字の世界を広げます。

● **漢字をすぐに見つけられる字典**
学年別・総ふりがなで1年生から使える
音訓・総画・部首さくいんでさがしやすい
付録のシールで引きやすさアップ

● **宿題や自習に大かつやく**
たくさんの例文・熟語を収録
ていねいな説明で、漢字の意味がよくわかる
ことば探しや文作りなど、家庭学習で役に立つ

● **漢字の世界を広げ、好きになる**
イラスト付きの成り立ちで漢字が身近に
学年をこえて漢字のなかまを紹介

● **正しく、美しい字が書ける**
すべての画を示している筆順コーナー
手書きのお手本文字で書き方がよくわかる

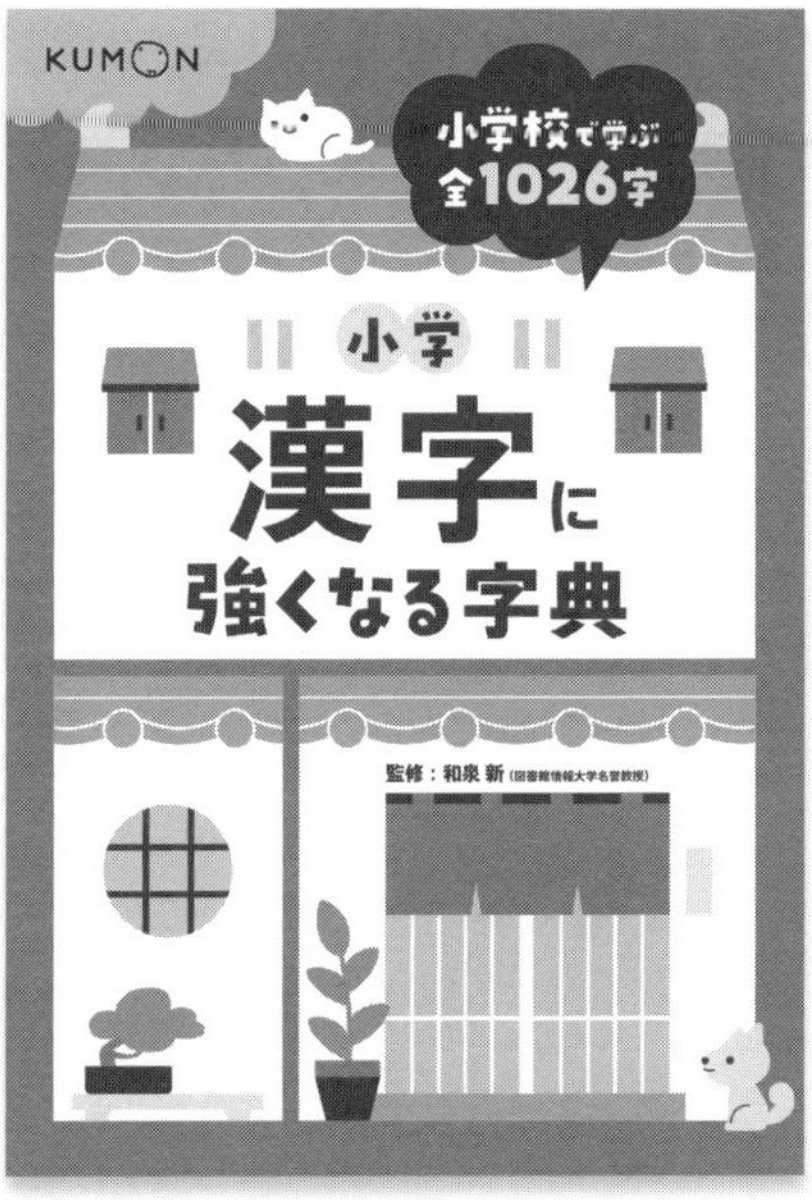

監修：和泉 新（図書館情報大学名誉教授）　A5判／800ページ

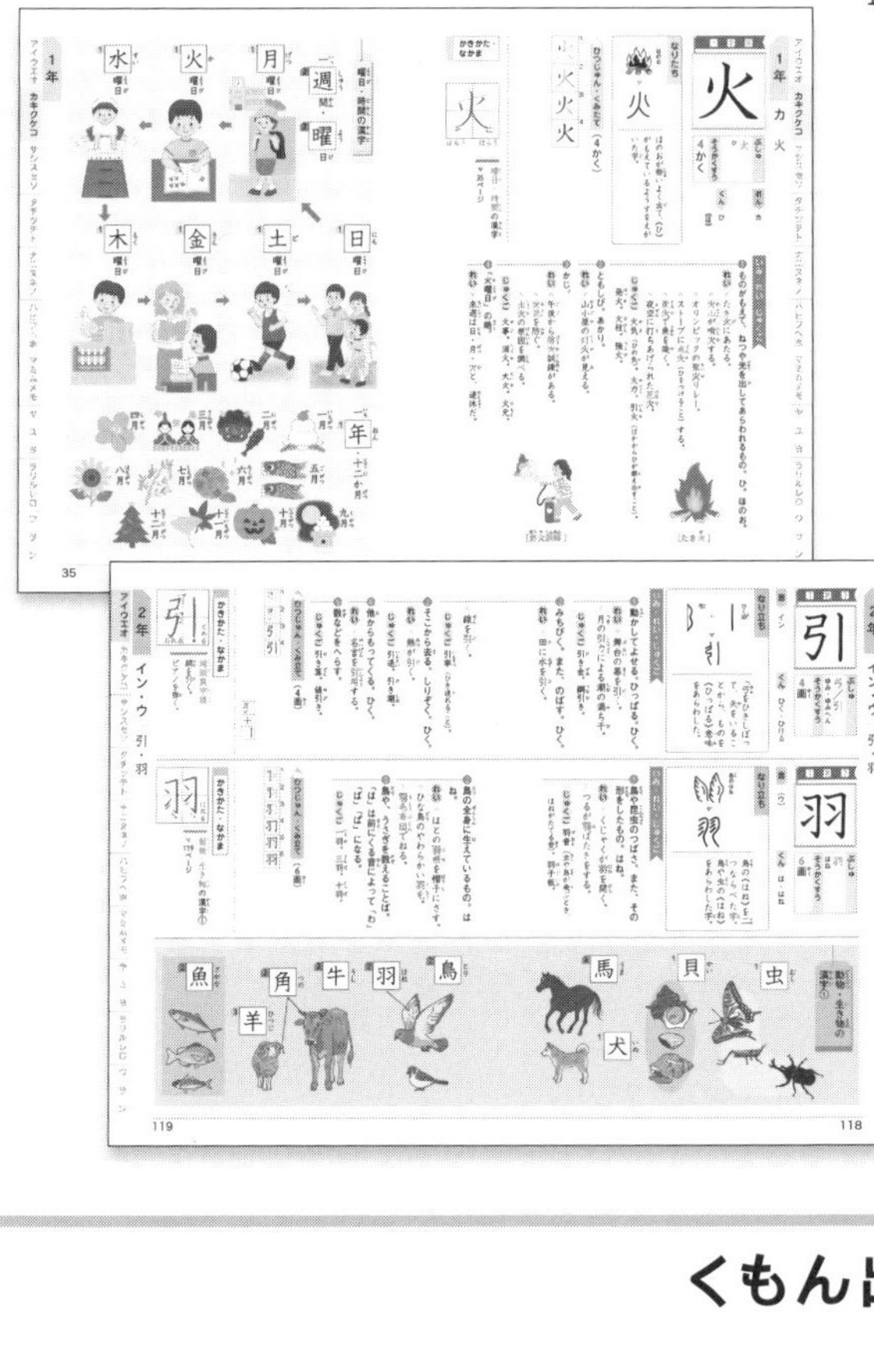

はじめての英語まるごと辞典
絵辞典 ＋ 英和 ＋ 和英

[絵辞典]＋[英和]＋[和英]が1冊にまとまった英語辞典です。学習者の興味やレベルに合わせてそれぞれのパートを活用することができます。イラストやマンガもいっぱいで、はじめての英語学習にぴったりです。

監修：卯城裕司（筑波大学）　A5判／576ページ

くもん出版

くもんの小学生向け学習書

くもんの学習書には、「ドリル」「問題集」「テスト」「ワーク」があり、課題や目標にあわせてぴったりの1冊と出合うことができます。

「お子さまが自分自身で解き進められる」次の一歩につながるこのことを、くもんの学習書は大切にしています。

くもんの ドリル

- 独自の**スモールステップ**で配列された問題と**繰り返し練習**を通して、やさしいところから到達目標まで、**テンポよくステップアップ**しながら力をつけることができます。
- 書き込み式と1日単位の紙面構成で、**毎日学習する習慣**が身につきます。

- **小学ドリル**シリーズ　国／算／英／プログラミング
- **にがてたいじドリル**シリーズ　国／算
- **いっきに極める**シリーズ　国／算／英
- **夏休みドリル**シリーズ　国・算・英
- **夏休みもっとぐんぐん復習ドリル**シリーズ　国／算
- **総復習ドリル**シリーズ　国・算・英・理・社
  ※1・2年生はせいかつ
- **文章題総復習ドリル**シリーズ　国・算

くもんの 問題集

- **たくさんの練習問題**が、**効果的なグルーピングと順番**でまとまっている本で、**力をしっかり定着**させることができます。
- 基礎～標準～発展・応用まで、目的やレベルにあわせて、さまざまな種類の問題集が用意されています。

- **集中学習 ぐ～んと強くなる**シリーズ
  国／算／理／社／英
- **算数の壁をすらすら攻略**シリーズ
  (大きなかず／とけい など)
- **おさらいできる本**シリーズ
  算(単位／図形)

くもんの テスト

- **力が十分に身についているかどうかを測る**ためのものです。苦手がはっきりわかるので、効率的な復習につなげることができます。

- **小学ドリル 学力チェックテスト**シリーズ　国／算／英
- **覚え残し0《ゼロ》問題集！**シリーズ　国／算／英

くもんの ワーク

- 1冊の中で**バリエーションにとんだタイプの問題**に取り組み、はじめての課題や教科のわくにおさまらない課題でも、しっかり見通しを立て、自ら答えを導きだせる力が身につきます。

- **読解力を高めるロジカル国語**シリーズ
- **小学1・2年生のうちに**シリーズ　理／社
- **思考力トレーニング**シリーズ　算・国／理・社